Utilize este código QR para se cadastrar de forma mais rápida:

Ou, se preferir, entre em:
www.moderna.com.br/ac/livroportal
e siga as instruções para ter acesso aos conteúdos exclusivos do
Portal e Livro Digital

CÓDIGO DE ACESSO:
A 00578 BUPCIEN1E 5 34426

Faça apenas um cadastro. Ele será válido para:

Organizadora: Editora Moderna
Obra coletiva concebida, desenvolvida
e produzida pela Editora Moderna.

Editora Executiva:
Maíra Rosa Carnevalle

NOME: ....
....TURMA: ....
ESCOLA: ....
....

1ª edição

© Editora Moderna, 2018

Elaboração dos originais

Ana Carolina de Almeida Yamamoto
Bacharel e licenciada em Ciências Biológicas pela Universidade de São Paulo. Bacharel em Comunicação Social pela Universidade Anhembi Morumbi. Editora.

Maiara Oliveira Soares
Licenciada em Ciências da Natureza pela Universidade de São Paulo. Especialista em Tecnologias na Aprendizagem pelo Centro Universitário Senac. Editora.

Natalia Leporo
Licenciada em Ciências da Natureza pela Universidade de São Paulo. Mestra em Ciências, programa: Ensino de Ciências, pela Universidade de São Paulo. Editora.

Juliana Bardi
Bacharel e licenciada em Ciências Biológicas pela Unesp. Doutora em Ciências pela Universidade de São Paulo. Editora.

Laís Alves Silva
Bacharel em Ciências Biológicas pela Universidade São Judas Tadeu. Licenciada em Ciências Biológicas pela Universidade Católica de Brasília. Editora.

Mariana Edaes
Bacharel e licenciada em Ciências Biológicas pela Universidade de São Paulo. Professora.

Michelle Beralde
Bacharel em Ciências Biológicas pela Universidade de São Paulo. Editora.

Thiago Macedo de Abreu Hortêncio
Bacharel em Ciências Biológicas pela Universidade de São Paulo. Editor.

Jogo de apresentação das *7 atitudes para a vida*

Gustavo Barreto
Bacharel em Direito pela Pontifícia Universidade Católica (SP). Pós-graduado em Direito Civil pela mesma instituição. Autor dos jogos de tabuleiro (*boardgames*) para o público infantojuvenil: Aero, Tinco, Dark City e Curupaco.

Coordenação editorial: Ana Carolina de Almeida Yamamoto, Marisa Martins Sanchez
Edição de texto: Ana Carolina de Almeida Yamamoto, Maiara Oliveira Soares, Natalia Leporo
Gerência de *design* e produção gráfica: Everson de Paula
Coordenação de produção: Patricia Costa
Suporte administrativo editorial: Maria de Lourdes Rodrigues
Coordenação de *design* e projetos visuais: Marta Cerqueira Leite
Projeto gráfico: Daniel Messias, Daniela Sato, Mariza de Souza Porto
Capa: Daniel Messias, Otávio dos Santos, Mariza de Souza Porto, Cristiane Calegaro
    Ilustração: Raul Aguiar
Coordenação de arte: Wilson Gazzoni Agostinho
Edição de arte: Andréia Crema
Editoração eletrônica: Casa Crema
Ilustrações de vinhetas: Adilson Secco
Coordenação de revisão: Elaine Cristina del Nero
Revisão: Márcia Leme, Renato Bacci, Roseli Simões
Coordenação de pesquisa iconográfica: Luciano Baneza Gabarron
Pesquisa iconográfica: Marcia Mendonça, Renata Martins
Coordenação de *bureau*: Rubens M. Rodrigues
Tratamento de imagens: Fernando Bertolo, Joel Aparecido, Luiz Carlos Costa, Marina M. Buzzinaro
Pré-impressão: Alexandre Petreca, Everton L. de Oliveira, Marcio H. Kamoto, Vitória Sousa
Coordenação de produção industrial: Wendell Monteiro
Impressão e acabamento: HRosa Gráfica e Editora
Lote: 797652
Cod: 12112936

Dados Internacionais de Catalogação na Publicação (CIP)
(Câmara Brasileira do Livro, SP, Brasil)

Buriti Plus Ciências / organizadora Editora Moderna ; obra coletiva concebida, desenvolvida e produzida pela Editora Moderna. — 1. ed. — São Paulo : Moderna, 2018. (Projeto Buriti)

Obra em 4 v. para alunos do 2º ao 5º ano

1. Ciências (Ensino fundamental) I.

18-17015   CDD-372.35

Índices para catálogo sistemático:
1. Ciências : Ensino fundamental   372.35

Maria Alice Ferreira - Bibliotecária - CRB-8/7964

ISBN 978-85-16-11293-6 (LA)
ISBN 978-85-16-11294-3 (GR)

Reprodução proibida. Art. 184 do Código Penal e Lei 9.610 de 19 de fevereiro de 1998.
Todos os direitos reservados
EDITORA MODERNA LTDA.
Rua Padre Adelino, 758 - Belenzinho
São Paulo - SP - Brasil - CEP 03303-904
Vendas e Atendimento: Tel. (0_ _11) 2602-5510
Fax (0_ _11) 2790-1501
www.moderna.com.br
2024
Impresso no Brasil

1 3 5 7 9 10 8 6 4 2

Que tal começar o ano conhecendo seu livro?

Veja nas páginas 6 e 7 como ele está organizado.
Nas páginas 8 e 9, você fica sabendo os assuntos que vai estudar.

Neste ano, também vai conhecer e colocar em ação algumas atitudes que ajudarão você a conviver melhor com as pessoas e a solucionar problemas.

7 atitudes para a vida

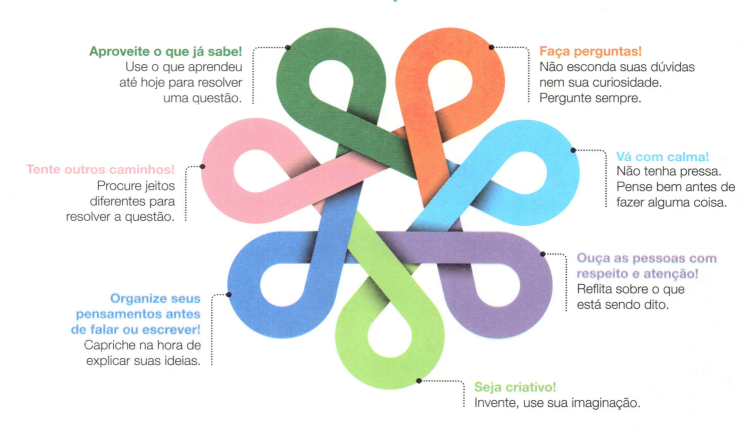

Aproveite o que já sabe! Use o que aprendeu até hoje para resolver uma questão.

Faça perguntas! Não esconda suas dúvidas nem sua curiosidade. Pergunte sempre.

Tente outros caminhos! Procure jeitos diferentes para resolver a questão.

Vá com calma! Não tenha pressa. Pense bem antes de fazer alguma coisa.

Organize seus pensamentos antes de falar ou escrever! Capriche na hora de explicar suas ideias.

Ouça as pessoas com respeito e atenção! Reflita sobre o que está sendo dito.

Seja criativo! Invente, use sua imaginação.

Nas páginas 4 e 5, há um jogo para você começar a praticar cada uma dessas atitudes. Divirta-se!

Nícolas e o forno solar

Comece lendo a história pelo número 1. Depois, leia as opções e ajude Nícolas a fazer suas escolhas. Lembre-se: suas **atitudes** podem mudar toda a história!

1 Acabou o gás na casa de Nícolas. Sua mãe, Lina, avisa que hoje não vai conseguir preparar o pão com queijo derretido que ele gosta. Então: ele resolve encontrar outra forma de derreter o queijo ③; decide comer o lanche frio mesmo ②; fica pensando se vai comer ou não ④.
Pense bem antes de escolher.

2 O queijo estava na geladeira, e Nícolas não gosta do queijo tão frio. Volte para o item ① e tome uma nova decisão.

3 Nícolas lembrou que em seu livro de Ciências há uma atividade sobre fornos solares, que utilizam o calor do Sol para esquentar os alimentos. Então, ele: tenta montar o forno descrito no livro ⑤; pesquisa na internet sobre como construir o forno ⑥.

4 De tanto pensar, só ficou com mais fome. Ele decide que é melhor tomar uma atitude para que consiga comer o seu sanduíche. Vá para o item ③.
Aproveite o que você já sabe para fazer a escolha!

5 Na descrição do livro, Nícolas descobre que precisa de vários materiais para fazer o forno. Então, ele: desiste ⑧; resolve tentar outra estratégia ③.

6 O livro ensina a fazer o forno usando uma caixa de papelão, mas ele descobre que dá para substituir a caixa por um guarda-chuva. Se você acha que é melhor ele fazer com a caixa, vá para ⑪. Se pensa que é melhor fazer com o guarda-chuva, vá para ⑦.

7 Lina prefere fazer o forno com o guarda-chuva. Nícolas: pergunta o porquê, já que eles já têm uma caixa ⑨; questiona como um guarda-chuva pode derreter queijo ⑩.
Sempre questione antes de tomar decisões.

8 Parece fácil desistir, mas ele está com fome e gosta do lanche quente. Vá para ⑥ e ajude Nicolas a escolher uma das maneiras de fazer o forno.
Recomece! Tente outros caminhos.

4

9 Lina escuta as dúvidas do filho e juntos decidem fazer o forno utilizando mesmo a caixa. Vá para **11**.

10 Lina explica que depende dos materiais usados no experimento, mas é melhor eles usarem a caixa, já que só há um guarda-chuva em casa. Nícolas: aceita a proposta da mãe **11**; pede para ela comprar um guarda-chuva **12**.
Ouça as pessoas com respeito e atenção!

11 Nícolas separa os seguintes materiais: papel-alumínio, caixa de sapato, tesoura, vareta e plástico transparente resistente **14**; papel-manteiga, caixa furada, papel crepom e jornal **13**.

12 Lina diz que não poderá sair hoje. Nícolas pode: fazer o forno solar com a caixa de papelão **11**; desistir **8**.

13 Os materiais de que Nícolas precisa são: papel-alumínio, caixa, tesoura, vareta e um plástico transparente resistente. Veja como construir o forno **17**.

14 Nícolas inicia a construção do forno solar. Ele descreve o passo a passo para não errar. Lina o ajuda na construção do forno. Vá para **17**.
Organize seus pensamentos antes de falar ou escrever.

15 O queijo derreteu e Lina elogiou o filho por ter realizado o experimento. Vá para **16**.

16 Que outros materiais poderiam ser usados para construir um forno solar caseiro? Utilize o que você já sabe e seja criativo!

17 Nícolas reveste a caixa de sapato com papel-alumínio. Na parte de cima da caixa, ele faz um recorte e fixa o plástico transparente. Ele usa a vareta para segurar a tampa da caixa. Vá para **18**.

18 Nícolas preparou seu lanche sobre um prato: cobriu uma fatia de pão com queijo e deixou o forno solar sob o Sol. Após algum tempo, o queijo derreteu **15**; ele fez outro lanche porque o primeiro ficou muito bom **16**!
Seja criativo!

Conheça seu livro

Seu livro está dividido em 4 unidades.
Veja o que você vai encontrar nele.

Abertura da unidade

Nas páginas de abertura, você vai explorar imagens e perceber que já sabe muitas coisas.

Investigar o assunto

Nas páginas dessa seção, você vai usar diferentes estratégias para investigar o assunto da unidade. Também vai dizer o que pensa e fazer novas descobertas.

Capítulo

Você aprenderá muitas coisas novas estudando os capítulos e resolvendo as atividades!

As palavras que talvez você não conheça são explicadas neste boxe verde.

Álbum de Ciências

No *Álbum de Ciências*, você vai conhecer imagens e curiosidades relacionadas ao capítulo.

O mundo que queremos

Nessas páginas, você vai ler, refletir e realizar atividades com foco na preservação do meio ambiente, no respeito às pessoas e às diferentes culturas e no cuidado com a saúde.

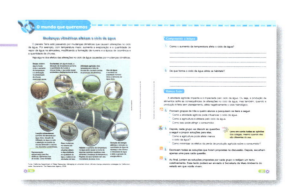

Para ler e escrever melhor

Nessas páginas, você vai ler um texto e perceber como ele está organizado. Depois, vai escrever um texto com a mesma organização.

O que você aprendeu

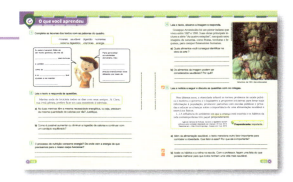

Mais atividades para você rever o que estudou, utilizar as palavras que acabou de conhecer e aplicar o que aprendeu em outras situações.

Suplemento de atividades práticas

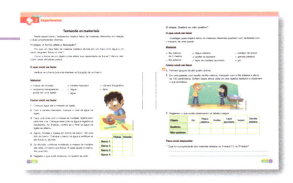

No final do livro, você vai encontrar um suplemento com atividades práticas. São propostas de experimentos, pesquisas, construção de modelos, uso e construção de diferentes instrumentos.

Ícones utilizados

Indicam como realizar algumas atividades:

 Atividade oral

 Atividade em dupla

 Atividade em grupo

 Atividade no caderno

 Desenho ou pintura

Indica as 7 atitudes para a vida:

Indica os objetos digitais:

7

Sumário

UNIDADE 1 — Recursos naturais e consumo consciente 10

- **Investigar o assunto:** *Conhecendo o próprio lixo* 12
- **Capítulo 1.** Recursos naturais 14
- **Capítulo 2.** Água, um recurso renovável 18
- **Capítulo 3.** O ciclo da água 28
  - Álbum de Ciências: *O ciclo da água e o clima* 33
  - O mundo que queremos: *Mudanças climáticas afetam o ciclo da água* 34
- **Capítulo 4.** Consumo consciente 36
  - Para ler e escrever melhor: *Ciclo de vida dos materiais* 44
  - O que você aprendeu 46

UNIDADE 2 — Energia no dia a dia 52

- **Investigar o assunto:** *Observar fenômenos elétricos e magnéticos* 54
- **Capítulo 1.** O que é energia? 56
- **Capítulo 2.** Energia térmica 60
- **Capítulo 3.** Eletricidade 62
  - Álbum de Ciências: *Consumo responsável de energia elétrica* 65
- **Capítulo 4.** Geração de energia 66
  - Para ler e escrever melhor: *Geração de energia e chuvas* 72
  - O mundo que queremos: *Energia elétrica para todos* 76
- **Capítulo 5.** Propriedades dos materiais 78
  - O que você aprendeu 84

UNIDADE 3 — Funcionamento do corpo humano — 88

- **Investigar o assunto:** *Conhecendo o corpo humano* 90
- **Capítulo 1.** Alimentos e nutrientes 92
- Para ler e escrever melhor: *Aproveitamento integral dos alimentos* 96
- O mundo que queremos: *Prevenção de distúrbios alimentares* 100
- **Capítulo 2.** Do alimento à energia 102
- Álbum de Ciências: *Curiosidades incríveis e nojentas do corpo humano* 110
- **Capítulo 3.** Coordenação do corpo 112
- **Capítulo 4.** Mudanças no corpo 116
- O que você aprendeu 122

UNIDADE 4 — O céu à noite — 126

- **Investigar o assunto:** *Pontos luminosos* 128
- **Capítulo 1.** O Universo 130
- **Capítulo 2.** As constelações 134
- Álbum de Ciências: *Bandeira do Brasil e as constelações* 137
- Para ler e escrever melhor: *Aprenda a se orientar pelos astros* 138
- **Capítulo 3.** Movimentos da Terra 140
- Álbum de Ciências: *Dias e noites em uma estação espacial* 143
- **Capítulo 4.** A Lua 148
- **Capítulo 5.** Instrumentos de observação do céu 152
- O mundo que queremos: *As mulheres na Astronomia* 154
- O que você aprendeu 156

Suplemento de atividades práticas — 160

Encartes 185

UNIDADE 1
Recursos naturais e consumo consciente

Uau, água fria, de Ana Maria Dias, 2012. Acrílico sobre tela.

Vamos conversar

1. Quais recursos naturais podem ser observados na imagem?
2. Qual é a importância da água para os seres vivos da imagem?
3. Você acha que a água da imagem está limpa? O que é importante fazer para cuidar da água?

Investigar o assunto

Conhecendo o próprio lixo

Todas as atividades que fazemos geram resíduos. Ao tomar banho, produzimos água suja, que segue para os esgotos; ao usar o banheiro, sujamos a água e o papel higiênico. Na hora do lanche, aquela garrafa PET que embala o suco pode ir parar em um córrego e lá permanecer por muito tempo, pois ela demora mais de 100 anos para se decompor.

Para onde vai o celular que foi trocado por um modelo mais recente? Será que temos consciência de todo o lixo que produzimos? E qual é o seu destino?

Mais de 40% do lixo produzido no Brasil não tem um destino adequado e causa a poluição e a contaminação principalmente dos recursos naturais. Por isso, é preciso conhecer o lixo que geramos no dia a dia, para tentar reduzir a sua quantidade.

O que você vai fazer

Conhecer o próprio lixo e o tempo de decomposição do que é descartado.

Como você vai fazer

1. Observem os itens que estão na lixeira de sua sala de aula ou nas lixeiras do pátio da escola. Não manipulem o lixo. Registrem essas informações na tabela da página ao lado.

2. Pesquisem em livros e na internet o tempo de decomposição dos diferentes materiais e acrescentem essa informação à tabela.

O que jogamos fora	Quantidade	Tempo de decomposição

Para você responder

1. Como o lixo que vocês observaram foi produzido?

2. De onde vem o material usado nos itens que foram jogados fora?

3. O que vocês acharam da situação do lixo produzido em sua escola?

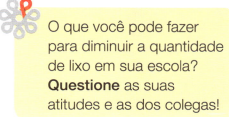

O que você pode fazer para diminuir a quantidade de lixo em sua escola? **Questione** as suas atitudes e as dos colegas!

CAPÍTULO 1. Recursos naturais

Podemos chamar de **recurso natural** aquilo que é extraído da natureza e usado para a sobrevivência e o desenvolvimento da população humana. Esses recursos podem ser usados de diversas formas. Eles estão presentes na alimentação, constituem a matéria-prima de diferentes produtos artesanais ou industrializados e são usados para a produção de energia.

O solo, o ar, a água, os minerais e até os seres vivos podem ser considerados recursos naturais dependendo de como o ser humano se relaciona com eles.

Os recursos naturais podem ser classificados em renováveis e não renováveis, de acordo com a sua disponibilidade na natureza.

Recursos renováveis e não renováveis

A água, o vento, a energia solar e a vegetação são exemplos de **recursos renováveis**, uma vez que não se esgotam com o uso ou podem se renovar pela ação da natureza ou pela ação humana.

Os minerais, o petróleo e o gás natural são exemplos de **recursos não renováveis**. Esses materiais levam milhões de anos para se formar na natureza e podem se esgotar com o uso excessivo.

O solo é um recurso utilizado na produção de alimentos. Dependendo da maneira como é manejado, esse recurso pode ser usado por bastante tempo. Plantação de alface no município de Sapucaia, no estado do Rio de Janeiro, em 2018.

Os minerais retirados da natureza são formados ao longo de milhares de anos. Mina de Alegria, da qual é extraído o minério de ferro, no município de Mariana, no estado de Minas Gerais, em 2016.

1. Cite dois recursos encontrados na natureza que podem ser necessários para:

   a) uma árvore:
   _____

   b) uma onça-pintada:
   _____

   c) um ser humano:
   _____

2. Complete o quadro indicando qual recurso natural é usado em cada situação e se ele é renovável ou não.

Situação	Recurso	Renovável ou não renovável
Ana abasteceu o carro com gasolina antes de ir trabalhar.		
Na casa de Fábio há um painel solar para aquecer a água do chuveiro.		
A carteira da sala de Jonas é feita de madeira.		

3. Depois de uma aula sobre recursos naturais, dois colegas viram o cartaz ao lado no mural da escola.

   a) Em dupla com um colega, identifiquem os usos da água mostrados no cartaz. Citem dois outros usos da água que não são mostrados.

   b) Um dos garotos afirmou que o cartaz continha um erro, pois, como a água é um recurso renovável, ela nunca acabaria e, assim, não era necessário economizá-la. Vocês concordam com o garoto? Expliquem.

Campanha para economia de água, em 2015.

Recursos renováveis

Vento
É a movimentação do ar. O vento é usado para girar turbinas que produzem energia elétrica nas usinas eólicas.

Energia solar
É utilizada na fotossíntese pelas plantas, para aquecer a água e para a produção de energia elétrica, por meio de placas fotovoltaicas. Os seres humanos aproveitam a energia solar de forma indireta, por meio da agricultura e da alimentação.

Água
É usada em diversos processos industriais, para beber, para cozinhar, para lazer e para gerar energia em usinas hidrelétricas.

Vegetação
É usada na alimentação, na produção de madeira, de combustível para automóveis e de carvão vegetal, utilizados para gerar energia elétrica. Apesar de serem um recurso renovável, as matas nativas demoram centenas de anos para se recompor após o desmatamento, que deve ser evitado.

NELSON COSENTINO

16

Recursos não renováveis

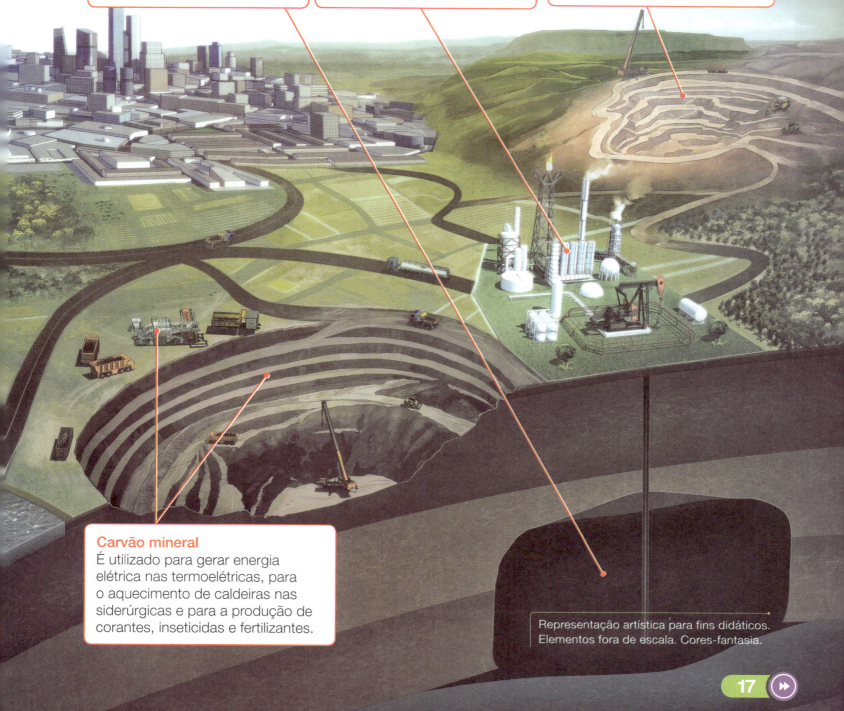

Gás natural
O gás natural é usado como combustível para a produção de energia elétrica nas usinas termoelétricas.
O gás natural também é usado como gás de cozinha.

Petróleo
Seus derivados são usados na produção de combustíveis para automóveis, aviões e navios e na composição de tintas, óleos, produtos plásticos, entre outros produtos.

Outros minérios
O ferro, o ouro, a bauxita, o cobre, o calcário, o sal e o quartzo, por exemplo, têm usos distintos na indústria, sendo utilizados na construção civil, na composição de vários produtos e embalagens e até na fabricação de medicamentos.

Carvão mineral
É utilizado para gerar energia elétrica nas termoelétricas, para o aquecimento de caldeiras nas siderúrgicas e para a produção de corantes, inseticidas e fertilizantes.

Representação artística para fins didáticos. Elementos fora de escala. Cores-fantasia.

17

CAPÍTULO 2. Água, um recurso renovável

A água é essencial para o desenvolvimento de todos os seres vivos. Animais, plantas, fungos e microrganismos possuem água em suas células, por isso necessitam dela para viver. Cerca de 60% do corpo humano é formado por água. Além do uso da água na alimentação, os seres humanos a utilizam para outros fins, como higiene pessoal, produção industrial, lazer etc.

Distribuição da água no planeta

A água cobre cerca de 70% da superfície da Terra. Na natureza, é possível encontrá-la em três **estados físicos**: gasoso, sólido e líquido. Nos diferentes ambientes, a água muda continuamente de um estado para outro.

O vapor de água é a forma **gasosa** da água e é encontrado na atmosfera.

A água em estado **sólido** está presente nas regiões polares, nos *icebergs* e no topo de altas montanhas.

A água dos rios, lagos e oceanos está na forma **líquida**. A maior parte da água na Terra se encontra no estado líquido.

Icebergs: grandes blocos de gelo que se soltam de regiões congeladas.

Iceberg, Groenlândia, em 2017.

A água pode ser **doce** ou **salgada**. A água que usamos para beber, tomar banho, escovar os dentes e regar as plantações é a água doce. A água salgada é aquela que contém grande quantidade de sais minerais e é imprópria para bebermos, como a água do mar.

A distribuição de água doce e salgada não é igual. Cerca de 96% da água no planeta está nos oceanos e é salgada. Apenas 4% de toda a água da Terra é doce.

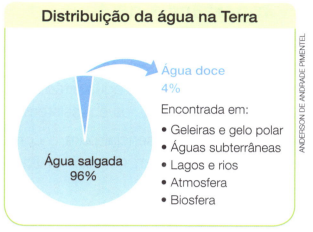

Fonte: John Grotzinger e Tom Jordan. *Para entender a Terra*. São Paulo: Bookman, 2013.

1 Observe o gráfico acima e responda.

- A quantidade de água disponível para consumo humano é grande ou pequena? Justifique.

_____

_____

2 Leia o texto e observe o gráfico.

Apesar de encontrarmos água por todo o planeta, ela não está distribuída de maneira igual pela superfície terrestre. Algumas regiões contêm mais água do que outras.

Cerca de 13% de toda a água doce disponível no mundo está no território brasileiro. Desse total, a maior parte encontra-se na Bacia Amazônica.

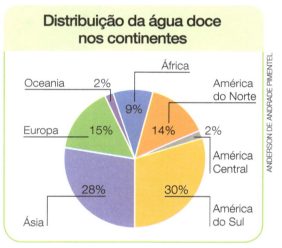

Fonte: Elaborado com base nos dados de *Food and Agriculture Organization of United Nations* (FAO), 2016. AQUASTAT database.

a) Quais continentes possuem maior distribuição de água? Quais possuem menor distribuição?

_____

_____

b) O que é e onde fica a Bacia Amazônica? Faça uma pesquisa na internet.

_____

_____

A importância da água

Todos os seres vivos são constituídos, em parte, por água. Sem esse recurso natural não há vida. Por isso, a água é tão importante no equilíbrio de todos os ecossistemas.

Além de ser essencial para o corpo, nós utilizamos a água em diversas atividades do dia a dia.

Comprimento: 50 cm.

Águas-vivas, ou medusas, são animais que têm 95% de seu corpo formado por água.

 3 Em quais atividades do seu cotidiano você utiliza água?

Culinária
A água é fundamental para lavar e cozinhar alimentos.

Lazer
A água é muito importante para o lazer, principalmente no verão. Basta ver como as praias brasileiras ficam cheias nessa estação do ano.

Praia no município de Arraial do Cabo, Rio de Janeiro, 2017.

Hidratação
Beber água é muito importante para se manter hidratado. A Organização Mundial da Saúde recomenda que os adultos bebam cerca de 2 litros de água por dia.

Geração de energia
No Brasil, a maior parte da energia é produzida pelo movimento das águas.

Hidrelétrica de Itaipu. Município de Foz do Iguaçu, Paraná, 2015.

Higiene pessoal
Dependemos da água para a escovação dos dentes, banho e outros cuidados com a higiene.

Vida aquática
Os seres vivos dependem da água para viver.

A água salgada é o hábitat dos animais marinhos.

Transporte
Em algumas regiões, o transporte em rios (fluvial) é mais comum do que o transporte por meios terrestres, como carro ou ônibus. Também é muito comum o transporte de cargas por via marítima, pelos mares e oceanos.

Navio na área de cargas no porto de Manaus, Amazonas, 2015.

Obtenção de alimentos
A água é fundamental para a obtenção de alimentos, como a pesca em rios e mares, por meio da irrigação de plantações, entre outros usos.

Indígena da etnia guarani pescando com arco e flecha no município de São Miguel das Missões, Rio Grande do Sul, 2016.

Plantação de alface sendo irrigada, no município de Biritiba-Mirim, São Paulo, 2016.

4) Explique por que a água da chuva é importante para a agricultura e para a alimentação humana.

_____

_____

_____

5) Quais seriam os impactos para a vida dos seres humanos se houvesse uma forte seca? Explique.

Usos da água

Além de ser essencial para vivermos, utilizamos a água em diversas atividades cotidianas. Algumas dessas atividades podem gastar muita água se não forem realizadas com atenção.

Um banho de 20 minutos gasta 120 litros de água, enquanto um banho de 5 minutos gasta 30 litros de água.

Limpe pratos e panelas antes de lavá-los jogando os restos de comida no lixo.

Só use a máquina de lavar roupas quando estiver completamente cheia. Uma lavadora de 5 quilogramas consome 135 litros de água a cada uso.

Ao lavar a louça com a torneira aberta continuamente, 240 litros de água são gastos. Ao ensaboar a louça de uma vez para, então, enxaguar, 70 litros de água são gastos.

Escovar os dentes com a torneira aberta gasta 18 litros de água. Ao fechar a torneira, o gasto cai para 2 litros.

Em vez de mangueira, use vassoura para limpar calçadas. Em 15 minutos, a economia é de 280 litros.

Lavar carros com mangueira gasta até 120 litros. Utilizando um balde para fazer o serviço, o gasto é de 5 litros.

Dar a descarga consome de 7 a 10 litros de água. Por isso, não utilize a privada como lixo e tenha certeza de que a válvula está regulada.

ILUSTRAÇÕES: FABIO EIJI SIRASUMA

Fonte: Elaborado com base em dados obtidos em: Sabesp. *Dicas de economia*.
Disponível em: <http://mod.lk/dicaecon>. Acesso em: 20 jul. 2018.

É importante também ficarmos atentos aos vazamentos. Uma torneira gotejando gasta 46 litros de água por dia, enquanto uma com água saindo em filete gasta até 750 litros por dia. Quase 40% de toda a água tratada no Brasil é desperdiçada por causa de **vazamentos** nas tubulações antes mesmo de chegar às residências.

Geralmente, nos preocupamos com a quantidade de água gasta apenas nos períodos de seca, mas devemos economizar água sempre. Em períodos de seca, os governos podem tomar medidas mais drásticas, como definir multas relacionadas ao aumento de consumo e racionamento ou rodízio de água.

O rodízio de água ocorre alternando os dias e as regiões de fornecimento de água. Por exemplo, se a região norte de uma cidade receber água na segunda-feira, a região sul não receberá. No dia seguinte, o fornecimento é invertido e a região sul recebe água, enquanto a norte, não.

6 Liste as atividades em que você pode economizar água.

_____
_____
_____
_____
_____

7 O que pode ser feito para evitar que 40% da água tratada seja perdida por vazamentos?

_____
_____
_____

8 Elabore uma capa de revista e uma matéria sobre um município que conseguiu reduzir o consumo de água. Mencione a cidade e descreva como os moradores fizeram para reduzir o consumo.

Use a criatividade ao elaborar a capa da revista e a matéria. Se possível, pesquise os dados de um município em fontes confiáveis na internet.

Poluição das águas

O descarte de resíduos nas águas pode causar problemas que afetam todos os seres vivos.

Falta de tratamento do esgoto

Muitas vezes, o esgoto de casas e indústrias é lançado diretamente em rios, lagos e mares por falta de um sistema de coleta e tratamento. Esse tipo de poluição provoca a morte de seres vivos aquáticos e também pode causar inúmeras doenças no ser humano.

Uso de fertilizantes e agrotóxicos na agricultura

Os produtos utilizados para tornar o solo mais produtivo (fertilizantes) e matar plantas e animais que podem prejudicar a plantação (agrotóxicos) podem ser transportados para rios e lagos por meio da chuva. Eles também podem penetrar no solo e alcançar as águas subterrâneas. O uso excessivo desses produtos prejudica o ambiente e a saúde das pessoas.

Representação esquemática para fins didáticos. Elementos fora de escala. Cores-fantasia.

Audiovisual
Contaminação dos mares

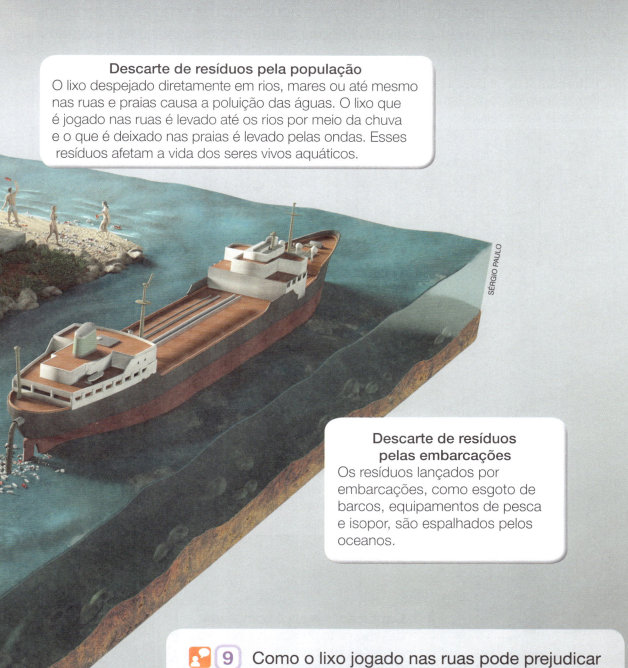

Descarte de resíduos pela população
O lixo despejado diretamente em rios, mares ou até mesmo nas ruas e praias causa a poluição das águas. O lixo que é jogado nas ruas é levado até os rios por meio da chuva e o que é deixado nas praias é levado pelas ondas. Esses resíduos afetam a vida dos seres vivos aquáticos.

Descarte de resíduos pelas embarcações
Os resíduos lançados por embarcações, como esgoto de barcos, equipamentos de pesca e isopor, são espalhados pelos oceanos.

9. Como o lixo jogado nas ruas pode prejudicar os ecossistemas marinhos?

10. Como podemos evitar alguns dos problemas apresentados nestas páginas?

O tratamento de água

Animação
Tratamento da água

O sistema de abastecimento capta a água de mananciais, como rios, lagos e nascentes, e a transporta para as **estações de tratamento** para que se tornem próprias para o consumo humano. Depois de tratada, a água é armazenada em reservatórios e distribuída para a população.

Na estação de tratamento, a água passa por um longo processo de retirada das impurezas. Mesmo assim, é importante filtrar e ferver a água da torneira antes de consumi-la, porque os canos de distribuição ou as caixas-d'água podem conter impurezas e contaminá-la.

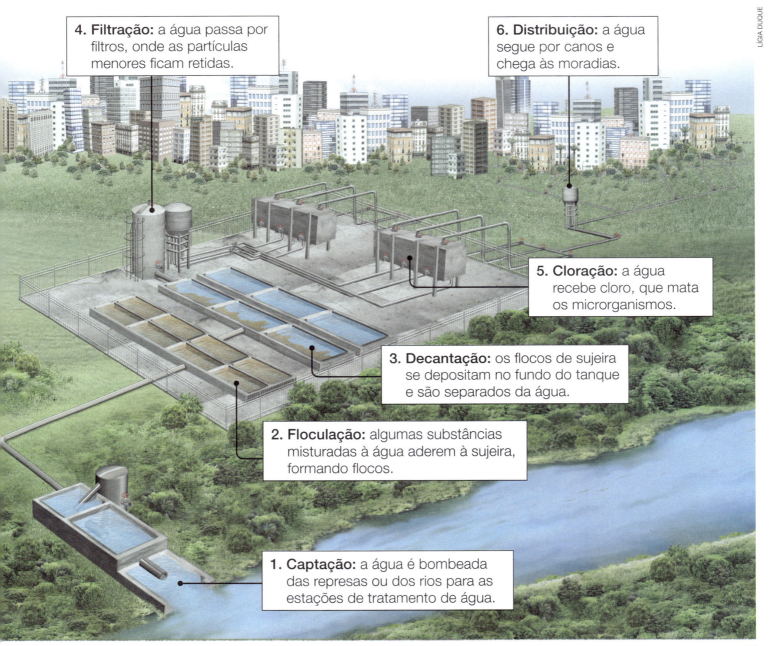

4. Filtração: a água passa por filtros, onde as partículas menores ficam retidas.

6. Distribuição: a água segue por canos e chega às moradias.

5. Cloração: a água recebe cloro, que mata os microrganismos.

3. Decantação: os flocos de sujeira se depositam no fundo do tanque e são separados da água.

2. Floculação: algumas substâncias misturadas à água aderem à sujeira, formando flocos.

1. Captação: a água é bombeada das represas ou dos rios para as estações de tratamento de água.

Representação de estação de tratamento de água.

Representação sem escala para fins didáticos.

Fonte: Companhia de Saneamento Básico no Estado de São Paulo. *Tratamento de água*. Disponível em: <http://mod.lk/tratagua>. Acesso em: 20 jul. 2018.

11 Ordene as frases na sequência correta das etapas de tratamento da água.

☐ A água passa por filtros, onde as partículas menores ficam retidas.

☐ A água é bombeada para as estações de tratamento de água.

☐ A água é distribuída para as moradias.

☐ Algumas substâncias misturadas à água aderem à sujeira, formando flocos.

☐ O cloro é adicionado à água para completar o tratamento, matando microrganismos.

☐ Os flocos de sujeira se depositam no fundo do tanque e são separados da água.

12 Explique brevemente o que acontece nas etapas a seguir.

a) Decantação:

_____

_____

_____

b) Filtração:

_____

_____

_____

c) Cloração:

_____

_____

_____

13 Qual é a importância do tratamento da água para as pessoas?

_____

_____

_____

_____

_____

CAPÍTULO 3

O ciclo da água

Atividade interativa
Ciclo da água

Na natureza, a água passa de um estado físico para outro constantemente. Ela também está sempre em movimento, mudando de um lugar para outro. Esses eventos são chamados de **ciclo da água** ou **ciclo hidrológico**.

2 Nas camadas mais frias da atmosfera, o vapor de água se condensa, ou seja, passa do **estado gasoso** para o **estado líquido**, formando as pequenas gotas que compõem as nuvens. O vento desloca as nuvens de um lugar para outro.

1 A água do solo e dos oceanos, rios e lagos evapora, ou seja, passa do **estado líquido** para o **estado gasoso**, formando o vapor de água. Os seres vivos também perdem água na forma de vapor, por meio da transpiração, por exemplo. Esse vapor de água vai para a atmosfera. A evaporação aumenta com o calor do Sol.

3 Quando as nuvens estão carregadas de pequenas gotas, ocorre a **precipitação**, ou seja, chove. A água volta para a superfície da Terra. Se a temperatura estiver muito baixa, ela pode passar ao **estado sólido** antes de atingir a superfície, originando a neve ou o granizo.

VAGNER VARGAS

4 Na superfície da Terra, a água chega aos mares, rios e lagos. Uma parte dessa água se infiltra no solo e fica armazenada nos depósitos subterrâneos de água.

Transpiração: perda de água pelo corpo.

Granizo: pedras de gelo que se precipitam com as chuvas.

água infiltrada no solo

Representação esquemática para fins didáticos. Elementos fora de escala. Cores-fantasia.

28

1 Complete os espaços com os termos do quadro. Cada termo pode ser utilizado mais de uma vez.

> chove   evapora   nuvens   vapor de água

a) Quando as _____ estão bem carregadas, _____.

b) O Sol aquece a água, que _____ dos oceanos e rios, formando

o _____.

c) Na atmosfera, o vapor de água se condensa, formando as _____.

- Agora indique qual frase acima corresponde a cada imagem abaixo.

Representação esquemática para fins didáticos. Cores-fantasia.

2 Indique em qual situação do ciclo da água ocorre:

- a condensação.

_____

_____

- a evaporação.

_____

_____

- a solidificação.

_____

_____

3 Explique a relação entre as chuvas e as mudanças de estado físico da água.

_____

_____

_____

29

Elementos que influenciam o ciclo da água

Diversos elementos podem influenciar o ciclo da água, como a cobertura vegetal, os mananciais e as mudanças climáticas.

Cobertura vegetal

A vegetação de uma região tem um papel muito importante no ciclo da água, como a proteção do solo e a absorção de água da chuva.

O solo coberto por vegetação é um solo mais poroso, que permite a passagem de líquidos e gases. Isso acontece por causa da presença de canais subterrâneos criados pelas raízes. Assim, a água da chuva penetra facilmente as camadas internas do solo. As plantas absorvem a água pelas raízes. A água restante pode acumular-se em **lençóis subterrâneos**, que são camadas de solo localizadas acima de rochas impermeáveis e que originam as **nascentes** de rios.

Solo com vegetação.

Quando o solo está sem vegetação, ele fica compactado e sem porosidade. Na ocorrência de chuvas, a área sofre uma **erosão**, processo em que a água não consegue penetrar no solo e escoa pela superfície, arrastando toda a camada superficial do solo, com seus nutrientes e sedimentos, até as áreas mais baixas. Esse escoamento superficial pode encher o fundo de mares, córregos e rios com sedimentos, prejudicando esses ecossistemas, processo denominado **assoreamento**.

Solo sem vegetação.

Representações esquemáticas para fins didáticos. Elementos representados fora de proporção. Cores-fantasia.

4. Qual é a importância da vegetação para o ciclo da água?

5. O que poderia acontecer se a vegetação dos morros e das margens de rios fosse removida para dar lugar a construções?

6. Observe a imagem e responda à questão.

Riacho que sofreu ação do assoreamento, no município de São Gabriel, Rio Grande do Sul, em 2016.

- Como o ciclo da água pode influenciar na erosão do solo? O que pode ter ocorrido neste local?

Mananciais

Os **mananciais** são fontes de água, ou reservas hídricas, utilizadas no abastecimento público. Podem ser superficiais, como rios, lagos, riachos e represas, ou depósitos subterrâneos.

A **proteção dos mananciais** é muito importante para garantir tanto a qualidade quanto a quantidade de água ideais para toda a população. De acordo com a Organização das Nações Unidas (ONU), cada pessoa precisa de 110 litros de água por dia para atender suas necessidades, como beber, cozinhar e realizar a higiene pessoal e do ambiente.

Se um manancial é poluído, toda a população que depende de suas águas é prejudicada. Para preservar os mananciais, é preciso impedir o desmatamento, planejar a captação de água para os municípios, evitar a impermeabilização de grandes áreas de solo, tratar o esgoto, limitar a construção nas margens dos rios, entre outras ações.

Exemplos de ações humanas que causam impactos negativos nos mananciais.

7 A imagem a seguir mostra um manancial poluído. Liste o que pode ser feito para melhorar a qualidade da água desse importante recurso.

Moradias construídas irregularmente em área de manancial nas margens da represa Billings. Município de São Paulo, São Paulo, 2010.

Álbum de Ciências — O ciclo da água e o clima

Como o ciclo da água pode influenciar o clima? O clima é caracterizado, principalmente, pela temperatura e pelos níveis de precipitação do local. Ou seja, ele é determinado, em grande parte, pelas chuvas. A chuva de uma região pode vir, muitas vezes, de localidades distantes. É o que pode acontecer nas regiões Centro-Oeste, Sul e Sudeste do Brasil, como mostra a imagem a seguir.

Esse fenômeno ficou conhecido como **rios voadores**. O nome se deve ao fato de que a umidade gerada pela transpiração da vegetação da Amazônia pode conter tanta água quanto o próprio Rio Amazonas.

O caminho dos rios voadores

1. As águas do Oceano Atlântico sofrem intensa evaporação, carregando o vento de vapor.

2. Essa umidade é levada pelo vento para o interior do continente. Ao seguir terra adentro, a condensação desses vapores resulta em chuva sobre a floresta. Pela transpiração, as árvores devolvem a água da chuva para a atmosfera na forma de vapor de água.

3. Essa umidade avança para oeste em direção à Cordilheira dos Andes, onde parte dela se precipitará novamente, formando as cabeceiras dos rios da Amazônia.

4. Parte da umidade muda de direção e segue para o sul do Brasil e pode precipitar-se nas regiões Sul, Sudeste e Centro-Oeste.

A imagem não está representada em escala. Cores-fantasia.

Cordilheira dos Andes: conjunto de montanhas situado na costa oeste da América do Sul.

Fonte: Expedição Rios Voadores. *Fenômeno dos rios voadores*. Disponível em: <http://mod.lk/expriosv>. Acesso em: 20 jul. 2018.

O mundo que queremos

Mudanças climáticas afetam o ciclo da água

O planeta Terra está passando por mudanças climáticas que causam alterações no ciclo da água. Por exemplo, com temperatura maior, aumenta a evaporação e a quantidade de vapor de água na atmosfera, modificando a formação de nuvens e a época de ocorrência e a quantidade de chuvas.

Veja alguns dos efeitos das alterações no ciclo da água causadas por mudanças climáticas.

Secas: existem alguns locais onde o aumento da temperatura e a diminuição na precipitação de chuvas ocasionam secas.

Enchentes: em alguns locais, a elevação da temperatura aumenta a quantidade de nuvens e chuvas fortes, o que pode causar enchentes e deslizamentos de terra.

Atividade agrícola: altas temperaturas e falta de chuvas têm causado perdas na produção de alimentos.

Uso da água: o aumento da população humana eleva a demanda de água doce.

Lençóis subterrâneos: aumento de demanda por água doce, redução de infiltração de água no solo e alteração no padrão de chuvas diminuem o volume dos depósitos subterrâneos.

Rios: mudanças no volume dos rios e seus afluentes afetam a disponibilidade e a qualidade da água, a pesca e as atividades de lazer.

Hábitat: o aumento da temperatura da água pode causar a morte de algumas espécies aquáticas mais sensíveis à mudança de temperatura. Regiões de seca também têm alta mortalidade de seres vivos.

Geração de energia elétrica: a redução na quantidade de água de represas e rios diminui a velocidade da água e afeta a geração de energia elétrica.

Representação esquemática para fins didáticos. Elementos fora de escala. Cores-fantasia.

Fonte: California Department of Water Resources. *Managing an uncertain future*: climate change adaptation strategies for California's water. Sacramento: The Resources Agency, 2008.

34

Compreenda a leitura

1 Como o aumento da temperatura afeta o ciclo da água?

2 De que forma o ciclo da água afeta os hábitats?

Vamos fazer

A atividade agrícola impacta e é impactada pelo ciclo da água. Ou seja, a produção de alimentos sofre as consequências de alterações no ciclo da água, mas também, quando a produção é feita sem planejamento, afeta negativamente o ciclo hidrológico.

3 Formem grupos de três a quatro alunos e pesquisem os itens a seguir.

- Como a atividade agrícola pode influenciar o ciclo da água.
- Como a agricultura é afetada pelo ciclo da água.
- Como isso pode atingir o consumidor.

4 Depois, cada grupo vai discutir as questões a seguir e propor soluções para elas.

- Como a agricultura pode afetar menos o ciclo da água?

> **Leve em conta todas as opinões** dos colegas, mesmo quando elas são diferentes da sua.

- Como minimizar os efeitos da perda de produção agrícola sobre o consumidor?

5 Escrevam todas as soluções que foram propostas na discussão. Depois, escolham apenas uma para cada questão.

6 Ao final, juntem as soluções propostas por cada grupo e redijam um texto coletivamente. Esse texto poderá ser enviado à Secretaria de Meio Ambiente do estado em que vocês vivem.

Capítulo 4 - Consumo consciente

Todas as atividades humanas utilizam recursos naturais e geram impacto no meio ambiente. É importante ter consciência desse impacto na hora de escolher o que comprar e de quem comprar e definir a maneira de usar e descartar o que não serve mais. Assim, é possível minimizar os impactos negativos e contribuir para a construção de um mundo melhor e mais justo. Essas práticas são chamadas de consumo consciente.

Princípios do consumo consciente

Há seis perguntas que podem nos ajudar a desenvolver o hábito de consumir de forma responsável.

1. Por que comprar?

Antes de comprar, pergunte: "Eu realmente preciso desse produto?". É importante considerar que muitos dos recursos naturais não são renováveis. Precisamos pensar se não estamos sendo influenciados por propagandas ou por um impulso momentâneo.

2. O que comprar?

Ao escolher o que queremos comprar entre todas as opções disponíveis, é importante levar em consideração a presença de características que atendam às nossas necessidades, além da qualidade e da durabilidade do produto.

Na hora de escolher um produto, é preciso estar atento às suas características, como a durabilidade.

Passar tempo com a família e os amigos pode ser mais prazeroso do que adquirir um produto novo.

1. Em grupos, pesquisem anúncios de revistas ou jornais que contenham propaganda estimulando as pessoas a consumir um produto.

- Você já se sentiu influenciado a comprar um produto por propagandas desse tipo? Explique.

_____
_____
_____

36

3. Como comprar?

Economizar e comprar à vista, por exemplo, é preferível, pois evita o endividamento. Optar por transporte coletivo ou alternativo, como a bicicleta, para transportar o produto, reduz a poluição pela queima de combustíveis não renováveis.

4. De quem comprar?

Sempre que possível, dê preferência a comprar direto do produtor ou de empresas que cuidam dos recursos naturais, valorizam os funcionários e estão instaladas próximo à sua casa, o que evita o gasto de energia com transporte e contribui para a economia local.

5. Como usar?

Devemos sempre pensar em aumentar a vida útil dos produtos que adquirimos. Algumas práticas evitam que os produtos sejam trocados antes do necessário, como usá-los com cuidado, consertá-los se quebrarem e desligá-los quando não estiverem em uso.

6. Como descartar?

É o momento de se perguntar: "O que eu quero descartar já não tem mais nenhuma utilidade?". É importante lembrar que produtos que não são mais úteis para você podem ser reutilizados por outras pessoas. Quando realmente não houver possibilidade de reutilização, deve-se descartar os resíduos de maneira correta.

Faça o transporte dos produtos em embalagens reutilizáveis para evitar o desperdício de embalagens descartáveis.

Comprar produtos artesanais valoriza a cultura e a economia locais.

Consertar os produtos evita que os materiais que os compõem sejam descartados antes da hora.

2 Você adota os princípios do consumo consciente em sua vida? Há algo que você pode melhorar?

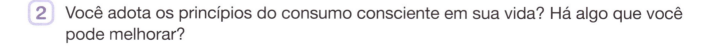

O **consumidor consciente** é aquele que busca o equilíbrio entre o que necessita e o impacto que seu consumo pode causar ao meio ambiente e à vida das outras pessoas. Ele avalia o quanto determinado produto consumiu de matéria-prima, quanto provocou de poluição e se pode ser reciclado.

3 O que é um consumidor consciente? Quais são as características desse consumidor?

_____

_____

_____

_____

4 Joaquim foi ao supermercado com seu pai para comprar 20 litros de água mineral. Lá, eles encontraram as seguintes opções:

A

Quatro embalagens descartáveis de 5 litros de água cada uma.

B

Uma embalagem de 20 litros de água retornável, ou seja, que pode ser reutilizada várias vezes.

a) Qual opção você escolheria? Por quê?

_____

_____

b) No supermercado, Joaquim percebeu que o plástico é utilizado em várias embalagens de produtos. Cite embalagens de produtos e objetos feitos de plástico.

_____

c) Considerando que o plástico leva cerca de 400 anos para se decompor, identifique e relacione os problemas causados ao ambiente pelo uso desse material.

_____

_____

_____

Todas as pessoas podem praticar o consumo consciente, inclusive as crianças! Observe a seguir algumas atitudes que você pode pôr em prática.

1. Escolher lanches mais saudáveis e que geram menos lixo.

Frutas, sucos naturais e sanduíches feitos em casa são opções mais saudáveis que alimentos industrializados e geram menos lixo.

2. Trocar é melhor que comprar.

Roupas, calçados, materiais escolares e brinquedos que não são mais usados podem ser trocados com colegas e familiares.

3. Desligar os botões e entrar em contato com a natureza.

Diminuir o tempo em frente à televisão e aos jogos eletrônicos e brincar mais em contato com a natureza, em parques e praças.

4. Ganhar algo, doar outro.

Sempre que comprar ou ganhar uma roupa ou um brinquedo novo, um item antigo em bom estado pode ser doado. Para o novo dono, é algo novo.

Fonte: Ministério do Meio Ambiente e Instituto Alana. *Consumismo infantil*: na contramão da sustentabilidade. Disponível em: <http://mod.lk/criacons>. Acesso em: 21 jul. 2018.

5 Quais das atitudes apresentadas são praticadas por você e sua família?

_____

_____

6 Em sua opinião, que outras atitudes podem ser praticadas pelas crianças?

_____

_____

_____

Os destinos do lixo

O lixo produzido pelas pessoas deve ser coletado e enviado para locais apropriados ao descarte.

O destino do lixo é um problema no mundo todo. No Brasil, por exemplo, parte do lixo coletado vai parar em lixões ou em aterros sanitários. Observe o gráfico ao lado.

Os **lixões** são terrenos a céu aberto, onde o lixo é acumulado sem nenhum cuidado, atraindo ratos, baratas e outros animais, que podem causar doenças nas pessoas. O chorume, líquido produzido pelo lixo, contamina o solo e os depósitos subterrâneos de água. Os gases liberados pelo lixo contaminam o ar.

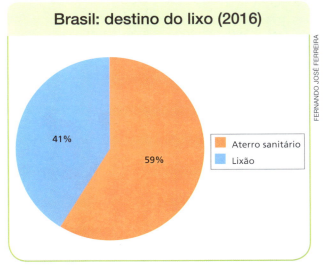

Fonte: ABRELPE. *Panorama dos resíduos sólidos no Brasil 2016*. São Paulo: ABRELPE, 2017.

No **aterro sanitário**, o lixo é colocado sobre uma camada de material impermeável para proteger o solo. Os gases liberados pelo lixo em decomposição e o chorume são coletados e recebem um tratamento adequado. O tratamento dado ao lixo mantém a estabilidade do terreno, que futuramente pode ser usado para outros fins.

Observe a seguir o esquema do funcionamento de um aterro sanitário.

Representação sem escala para fins didáticos.

Fonte: Fundação Estadual do Meio Ambiente. *Orientações básicas para a operação de aterro sanitário*. Belo Horizonte: FEAM, 2006.

 7 Por que o uso de aterros sanitários causa menor impacto ao ambiente se comparado ao uso de lixões?

 8 Pesquise em livros e na internet como é feita a destinação do lixo no lugar onde você vive. Depois, converse com os colegas e o professor sobre isso.

Uma maneira de diminuir a quantidade de lixo enviada para lixões e aterros sanitários é fazendo a reciclagem dos materiais.

A **reciclagem** consiste em reaproveitar o material que compõe os objetos jogados no lixo. Para realizar a reciclagem é necessário fazer a coleta seletiva do lixo, separando os materiais recicláveis: papel, vidro, plástico e metal. A coleta seletiva de lixo é realizada por meio de caminhões que passam recolhendo os materiais recicláveis ou pelos Pontos de Entrega Voluntária (PEVs), que são locais para a entrega dos materiais separados.a entrega dos materiais separados.

Na reciclagem, cada tipo de material é colocado em lixeiras de cores diferentes.

9 Como a reciclagem contribui para diminuir a quantidade de lixo enviada para lixões e aterros sanitários?

_____

_____

10 Observe os objetos abaixo e depois complete o quadro, identificando o tipo de material e a cor da lixeira em que ele deve ser colocado.

Objeto	Tipo de material	Cor da lixeira em que deve ser descartado
1		
2		
3		
4		

11 Reúna-se com um colega e pesquisem se no município onde vivem é realizada a coleta seletiva e como ela é feita. Se não houver coleta seletiva, elaborem um texto com uma proposta para essa questão.

Esta é Heloísa.

O LIXO DE HELOÍSA

E este é o lixo que Heloísa produziu durante um ano.

Heloísa gosta de ir ao supermercado com sua mãe e pegar muitos biscoitos, daqueles que têm várias embalagens. Heloísa pode **repensar** e **reduzir** o consumo, escolhendo produtos com menos embalagens e que possam ser **recicladas**.

Quando volta de férias escolares, Heloísa quer tudo novo. Estojo, caderno, lápis, borracha... É possível **reutilizar** alguns materiais escolares. Assim, tudo isso não vai parar no lixo.

Ela poderia **recusar** o uso do filme plástico e levar seu sanduíche em um pote de plástico. Depois de lavado, ela poderia utilizá-lo de novo.

O que Heloísa não sabia é onde todo esse lixo vai parar...

O lixo muitas vezes é descartado inadequadamente. Ele pode parar em **lixões** a céu aberto, que atraem ratos e baratas, contaminam o ar, o solo e a água e podem causar doenças nas pessoas.

Algumas cidades têm **aterros sanitários**. Lá, é escavado um buraco profundo, coberto por uma camada impermeabilizante, e somente depois o lixo é colocado, compactado e coberto por uma camada de terra. O chorume é recolhido e tratado. Os aterros sanitários causam menos impacto ao ambiente.

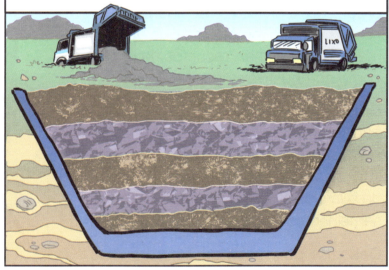

Nos lixões ou nos aterros sanitários, alguns resíduos vão levar anos para se decompor.

Mais de 400 anos

Mais de 1.000 anos

Mais de 200 anos

Poxa, Heloísa! E agora? Que tal **repensar** os seus hábitos?

43

Para ler e escrever melhor

> O texto a seguir **descreve as etapas** do ciclo de vida dos materiais.

Ciclo de vida dos materiais

Para chegar até você, todos os produtos passam pelas mesmas etapas, desde a extração da matéria-prima até o descarte final. Vamos usar como exemplo uma caneta esferográfica e as etapas de seu ciclo de vida.

1. **Extração de matéria-prima e fabricação:** O tubo externo, a tampa e o tubo da tinta são feitos de plástico, um derivado do petróleo. A ponta da caneta é feita de metal ou de uma liga metálica. A tinta é feita de resina vegetal e corantes. Todos esses materiais têm origem na natureza, e é preciso extraí-los, processá-los e finalmente fabricar o produto. Esse processo demanda o uso de outros recursos, como água e energia, e gera resíduos.

   Resina vegetal: secreção formada em algumas plantas.

2. **Transporte e distribuição:** Depois de produzida, a caneta é transportada e comercializada, processos que utilizam mais energia e mais recursos naturais, como combustíveis não renováveis.

3. **Consumo:** Um dia você passa na papelaria e compra uma caneta. Pense nisso sendo feito em uma escala maior, imagine todos os alunos das escolas da sua cidade comprando canetas semelhantes à sua.

4. **Descarte dos resíduos:** Primeiro você joga a embalagem fora. Depois de algum tempo, sua caneta vai para um lixão ou aterro sanitário ou para a coleta seletiva. São formas distintas de descarte, e cada uma tem um impacto ambiental diferente, mas em todas elas há grande quantidade de espaço, de energia e de recursos sendo utilizada.

Canetas usadas em residências, escritórios, escolas etc.

Da extração de matéria-prima ao descarte, forma-se um fluxo de materiais e recursos em uma única direção, com geração de resíduos em todas as etapas. Por ser um fluxo linear, a maior parte dos materiais transforma-se em resíduos. Esse processo pode ter como consequência a exaustão de recursos naturais. Para reverter esse quadro, é preciso incentivar ações que incluam no ciclo de vida dos materiais as etapas de **reutilização** e **reciclagem**.

Analise

1 Quais etapas fazem parte do fluxo linear de fabricação dos produtos?

_____

_____

2 Em quais etapas da produção há consumo de recursos naturais e geração de resíduos?

_____

3 Quais são as etapas que devem ser incluídas nos sistemas de produção para que eles deixem de ter um fluxo linear e passem a ter um fluxo cíclico?

_____

Organize

4 Observe o diagrama a seguir das etapas do ciclo de vida dos materiais. Depois, leia as descrições e indique as letras correspondentes a cada etapa.

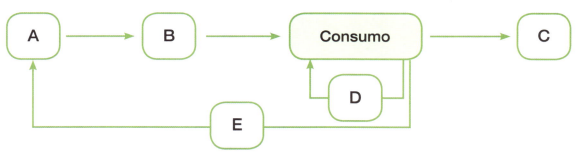

☐ O produto é embalado, transportado e distribuído para ser comercializado.

☐ O produto foi doado e reaproveitado por outra pessoa.

☐ A matéria-prima foi extraída, processada e o produto foi fabricado.

☐ Parte do produto foi transformada em matéria-prima para outro produto.

☐ Parte do produto foi para um aterro sanitário.

Escreva

5 Assim como sua caneta, todos os produtos têm uma história. Escolha um produto usado no seu dia a dia e escreva um texto sobre as etapas de seu ciclo de vida.

Use a sua imaginação para escrever o texto! É possível tentar outras formas de contar a história do produto que você escolheu, como desenhos e colagens.

O que você aprendeu

1 Observe as imagens a seguir e indique quais delas correspondem a **recursos renováveis** e quais correspondem a **recursos não renováveis**.

Minério de ferro.

Alface.

Água potável.

_____   _____   _____

- Qual é o problema associado a atividades em que há uso de recursos não renováveis?

_____

_____

_____

2 Observe a imagem e responda.

a) De que maneira o uso do automóvel pode prejudicar o ambiente?

_____

_____

_____

b) Em sua opinião, existem alternativas para diminuir o uso do automóvel? Dê uma sugestão.

_____

_____

_____

46

3 Leia o texto e observe o gráfico. Use essas informações e o que você aprendeu para marcar as afirmações como verdadeiras (**V**) ou falsas (**F**).

> Desde 2001 o Brasil é líder mundial na reciclagem de latas de alumínio, considerando os países onde essa prática não é obrigatória por lei. O gráfico a seguir mostra a evolução da porcentagem de latas recicladas de 2001 a 2012.

Fonte: Abralatas. Disponível em: <http://mod.lk/latrecil>. Acesso em: 21 jul. 2018.

☐ Em 2008 a reciclagem de latas de alumínio no Brasil foi a mais baixa registrada desde 2001.

☐ Nos últimos anos a porcentagem de latas recicladas se aproximou dos 100%.

☐ A reciclagem evita a extração de mais recursos naturais, assim como o gasto de energia nesse processo e a geração de resíduos.

☐ Todas as latas de alumínio são recicladas no Brasil.

4 Associe corretamente as colunas.

A – Recursos renováveis **B** – Recursos não renováveis.

☐ Granito   ☐ Petróleo   ☐ Gás natural

☐ Água   ☐ Vento   ☐ Madeira

☐ Solo   ☐ Energia solar   ☐ Carvão mineral

O QUE VOCÊ APRENDEU

5 De acordo com a Organização Mundial da Saúde (OMS), crianças e adolescentes devem ingerir em média 70 mililitros de água por quilograma, por dia.

- Com base nesse dado, quanta água uma criança de 35 kg deve ingerir por dia? Faça seus cálculos no espaço a seguir.

6 Marque as frases a seguir como verdadeiras (V) ou falsas (F).

☐ Rios, nascentes, lagos e represas podem ser considerados mananciais.

☐ Mananciais não são importantes para o ciclo da água.

☐ Poluição é um dos maiores problemas para a manutenção dos mananciais.

☐ A construção de casas sem rede de esgoto próximo a mananciais não causa danos ambientais.

7 Quais são os benefícios da reciclagem?

_____

_____

_____

_____

8 Complete a imagem abaixo com os termos apropriados e responda às questões sobre o ciclo da água.

> transpiração   precipitação   vapor
> evaporação   infiltração   condensação

Representação esquemática para fins didáticos. Elementos fora de escala. Cores-fantasia.

a) De que forma as plantas participam do ciclo da água?

_____

_____

b) O ciclo da água é importante para a agricultura? Explique.

_____

_____

c) Quais são as consequências da ausência de precipitações por um longo período?

_____

_____

_____

O QUE VOCÊ APRENDEU

9. As ilustrações abaixo mostram uma família utilizando água em diversas atividades do dia a dia.

- As pessoas estão utilizando a água de maneira consciente? Indique quais atitudes elas poderiam tomar para reduzir o consumo de água.

_____
_____
_____
_____

10. Karen acredita que não há necessidade de preservarmos os mananciais.

- Como você poderia explicar a ela a importância de proteger os recursos hídricos?

O planeta tem 70% de sua superfície coberta por água! Posso usá-la à vontade, da forma que eu desejar.

_____
_____
_____
_____

50

11 Leia o texto a seguir e responda às questões.

Sucata eletrônica

À já extensa lista de problemas ambientais que enfrentamos adiciona-se um novo item: o **lixo eletrônico**. Ignorado pela maioria dos consumidores, o destino final de aparelhos como computadores, telefones celulares e televisores representa grave ameaça à saúde do planeta, pois eles contêm elementos químicos tóxicos em seus componentes. [...]

Reaproveitar papel, plástico ou alumínio é fácil. Mas reciclar lixo eletrônico é um problema ainda sem solução. "O grande desafio é separar os metais nobres – como ouro, prata e cobre – dos elementos tóxicos, como mercúrio e cádmio", disse o químico da Universidade Federal do Rio de Janeiro. [...]

Outro problema que vem tirando o sono dos ambientalistas é a implantação dos novos televisores de plasma e LCD. "Com o crescente número desses aparelhos no mercado", prevê Afonso, "teremos milhões de televisores antigos [...] indo para o lixo".

Henrique Kugler. Sucata pós-moderna. *Ciência Hoje On-line*. Disponível em: <http://mod.lk/sucpomo>. Acesso em: 14 jul. 2018.

a) Qual é o problema relatado no texto?

_____

_____

b) Que atitudes uma pessoa pode ter para reduzir esse tipo de problema?

_____

_____

_____

12 Leia a charge e responda à questão.

- O que a mulher e o homem quiseram dizer?

_____

_____

_____

_____

_____

_____

51

UNIDADE 2
Energia no dia a dia

Alice e Artur são irmãos. Eles vão para a escola de manhã. Enquanto Alice toma banho, Artur toma o café da manhã.

Cláudia busca as crianças todos os dias na escola. Hoje ela precisou colocar combustível no carro.

Ao chegar da escola, enquanto a mãe prepara o almoço, Alice e Artur assistem à TV.

No início da noite, Alice e Artur fazem a lição de casa. Os pais das crianças assistem ao noticiário.

Vamos conversar

Muitas atividades do nosso dia a dia necessitam de energia elétrica para serem realizadas. Observe a rotina de Alice e Artur e como eles usam a energia elétrica no dia a dia.

1. Em quais situações do dia a dia você usa energia elétrica?
2. Quais outras formas de energia você conhece?

53

Investigar o assunto

Observar fenômenos elétricos e magnéticos

O que você vai fazer

Observar alguns fenômenos relacionados à eletricidade e ao magnetismo dos ímãs.

Material

- régua de plástico
- pedaço de tecido de lã ou de flanela
- ímã
- papel picado em pedaços pequenos
- palha de aço desfiada e picada
- 2 folhas de papel em branco

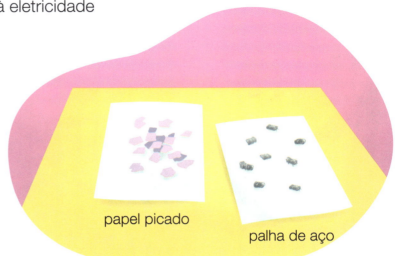

papel picado

palha de aço

Como você vai fazer

1. Reúnam-se em grupos.
2. Posicionem as folhas de papel sobre a carteira. Sobre uma das folhas, coloquem a palha de aço e, sobre a outra, o papel picado.
3. Aproximem a régua do papel picado e da palha de aço e observem.
4. Depois, esfreguem a régua com o pedaço de tecido, várias vezes e rapidamente. Em seguida, aproximem a régua do papel picado e observem o que acontece.

5. Friccionem a régua mais um pouco no pedaço de tecido e aproximem-na da palha de aço. Observem o que acontece.

6. Em seguida, aproximem o ímã do papel picado e observem. Depois, aproximem-no da palha de aço e observem.

Para você responder

1. Faça um **X** nos itens atraídos pelos objetos testados.

	Régua antes de ser friccionada	Régua depois de ser friccionada	Ímã
Papel picado			
Palha de aço			

2. Os fenômenos observados com a régua depois de ser friccionada e com o ímã foram os mesmos? Explique.

_____
_____
_____
_____

3. No dia a dia, você já reparou em fenômenos parecidos com os que acabou de observar? Cite alguns deles.

_____
_____
_____

Relembre situações que você já vivenciou e envolvem os fenômenos elétricos e magnéticos. **Aplique o que você aprendeu** nesse experimento e faça conexões com situações cotidianas!

55

CAPÍTULO 1. O que é energia?

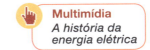

Multimídia
A história da energia elétrica

A energia não é algo material, que pode ser medido com balança ou fita métrica. Mas, como você pôde perceber, ela está presente em tudo o que fazemos. A energia é responsável pelo funcionamento das máquinas, pelas atividades dos seres vivos e também está envolvida nos fenômenos naturais.

A energia pode se manifestar de diferentes formas. Conheça algumas delas.

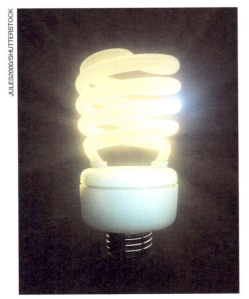

Energia luminosa: energia da luz, é proveniente de uma lâmpada acesa ou do Sol.

Energia térmica: energia relacionada à temperatura de um corpo.

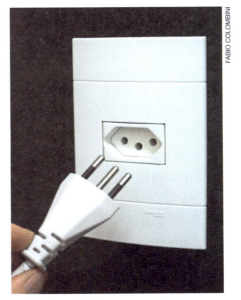

Energia elétrica: energia que chega às casas por meio dos fios e tomadas, por exemplo.

Energia sonora: energia do som, captada pelas orelhas.

Energia química: energia presente nos combustíveis e nos alimentos.

Energia cinética: energia relacionada ao movimento de um corpo.

1 Quais formas de energia estão envolvidas nas atividades indicadas a seguir? Justifique as respostas.

a) Andar de bicicleta.

b) Derretimento do gelo.

c) Jogar no computador.

d) Assistir a um filme no cinema.

2 Leia o texto, observe a imagem e responda.

A unidade de medida mais comumente usada para indicar a quantidade de energia química presente nos alimentos é a quilocaloria (kcal). No rótulo dos alimentos, essa informação é apresentada como **valor energético**.

Informações nutricionais de leite integral

Informação Nutricional Porção de 200ml (1 copo)		
Quantidade por porção		% VD (*)
Valor Energético 124 kcal ou 521 kJ		6
Carboidratos	9,0 g	3
Proteínas	6,2 g	8
Gorduras Totais	7,0 g	13
Gorduras Saturadas	4,3 g	20
Sódio	110 mg	5
Cálcio	248 mg	25

"Não contém quantidade significativa de Gorduras Trans e Fibra Alimentar"

* % Valores Diários de referência com base em uma dieta de 2000 kcal ou 8400 kJ. Seus valores diários podem ser maiores ou menores dependendo de suas necessidades energéticas.

FERNANDO FAVORETTO/CRIAR IMAGEM

a) Quantas quilocalorias há nas informações nutricionais desse leite?

b) Qual é a importância de conhecer o valor energético dos alimentos?

3 Volte às páginas 52 e 53 e identifique duas situações em que esteja envolvida alguma forma de energia. Escreva as situações e as formas de energia que estão envolvidas.

Reprodução proibida. Art. 184 do Código Penal e Lei 9.610 de 19 de fevereiro de 1998.

Transformação e transferência de energia

Se você observar à sua volta, poderá perceber que nenhuma transformação acontece do nada, existe sempre algo que lhe dá origem. Tudo o que acontece à nossa volta envolve alguma transformação de energia.

É mais fácil perceber a energia quando ela passa de uma forma para outra ou quando é transferida. Geralmente, isso modifica o estado ou a movimentação dos corpos. Veja a seguir exemplos de **transformações** e **transferências de energia**.

Para fazer o carrinho se mover e emitir sons, é preciso colocar pilhas em seu interior e ligá-lo. A energia química das pilhas é **transformada** em energia elétrica, que, por sua vez, é transformada em energia cinética e energia sonora.

Para fazer o pião rodar, deve-se puxar a corda. A energia do movimento do braço é **transferida** ao pião por meio da corda e o pião começa a rodar.

A energia se conserva

A energia não surge do nada; da mesma forma, ela não desaparece. Ao mudar de uma forma para outra, a **energia se conserva**. A quantidade de energia que existe antes de uma transformação é a mesma que existirá depois da transformação, mas ela estará localizada em locais distintos.

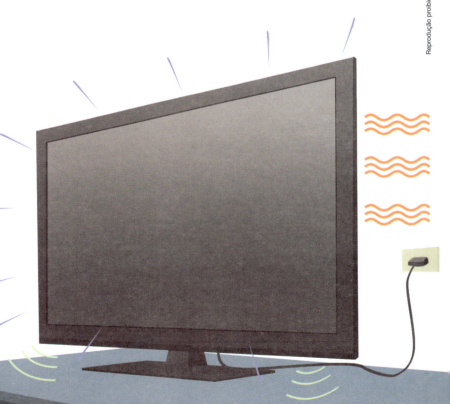

Quando ligamos a TV, a energia elétrica é transformada em energias sonora e luminosa e parte dela se dissipa na forma de calor.

A energia se dissipa

Mesmo que a energia se conserve, ela pode assumir formas que não são úteis. Isso é chamado **degradação da energia**. Durante um processo de transformação de energia, sempre parte dela é degradada, ou seja, se dissipa.

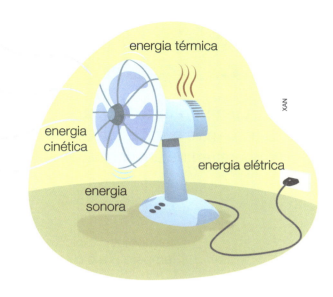

Ao ligar um ventilador, a energia elétrica é transformada em energia cinética. Porém, parte dessa energia se perde na forma de energia térmica e energia sonora, sendo possível percebê-las pelo aumento da temperatura do motor e pelo ruído emitido pelo aparelho.

4. Indique as transformações de energia envolvidas em cada situação.

a)

b)

5. Leia o texto, observe a imagem e responda.

> O carro estava se deslocando por uma rua quando bateu contra uma árvore e parou.

- Para onde foi a energia cinética que estava no carro no momento do acidente? É possível dizer que a energia desapareceu? Explique.

6. Volte às páginas 52 e 53 e identifique duas situações na rotina da família que envolvam transformação de energia. Escreva as situações e as transformações de energia que estão envolvidas.

Energia térmica

A **temperatura** dos corpos está relacionada a uma forma de energia, a **energia térmica**. Quanto mais energia térmica há em um corpo, maior é sua temperatura. Para determinar a temperatura de um corpo, usa-se um **termômetro**.

Termômetro clínico ecológico. Uma das unidades de medida de temperatura é o grau Celsius (símbolo: °C).

Quando dois corpos apresentam temperaturas diferentes, ocorre transferência de **calor** entre eles, até que os dois corpos atinjam a mesma temperatura. Assim, o corpo mais frio esquenta e o mais quente esfria.

Quando os dois corpos atingem a mesma temperatura, ou seja, atingem um **equilíbrio térmico**, deixa de ocorrer troca de calor.

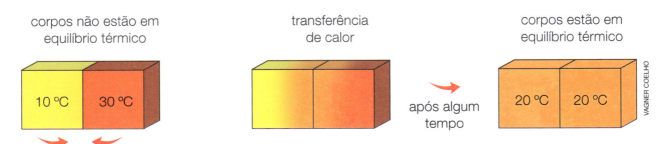

Troca de calor entre dois corpos até atingirem o equilíbrio térmico.

1. Observe a conversa entre a avó e sua neta e responda.

   - Por que a comida da menina esfria? Explique com base no que você aprendeu sobre calor.

   _____
   _____
   _____
   _____
   _____
   _____

Marina, você demora tanto para comer que sua comida acaba esfriando!

Produção e usos da energia térmica

A energia térmica pode ser obtida aproveitando-se a luz solar ou queimando-se diferentes materiais combustíveis renováveis ou não renováveis, por exemplo.

Nos painéis de aquecimento solar, há captação e transferência de calor para a água, que é aquecida e pode ser usada no chuveiro, por exemplo.

Nos fogões a lenha, a madeira substitui o gás natural, que serve de combustível nos fogões convencionais.

Em alguns processos industriais, como a produção do aço, é necessária grande quantidade de energia térmica, que é gerada pela queima de carvão mineral.

Nas usinas termelétricas, a energia térmica, obtida pela queima de carvão, gás natural ou petróleo, é transformada em energia elétrica.

2 Observe as quatro imagens desta página e responda.

a) Quais recursos naturais são usados para produzir a energia térmica?

_____

_____

b) Em sua opinião, em qual dos casos há menor impacto para o ambiente? Explique.

_____

_____

61

CAPÍTULO 3. Eletricidade

Toda matéria é formada por partículas minúsculas, tão pequenas que sequer é possível enxergá-las com microscópio. Essas partículas têm **carga elétrica**, que pode ser **positiva** ou **negativa**.

Na maioria das vezes, as quantidades de cargas positivas e negativas em um corpo são iguais. Nessas situações, é difícil perceber a eletricidade nos materiais.

A eletricidade fica evidente apenas quando há diferença entre a quantidade de cargas positivas e negativas de um corpo. Foi usando esse princípio que o ser humano desenvolveu maneiras de gerar **energia elétrica**.

Alguns materiais podem ser eletrizados por **atrito**, isto é, sendo esfregados contra um tecido ou contra os cabelos, por exemplo. Quando um objeto está eletrizado, ele pode atrair objetos neutros, isto é, não eletrizados.

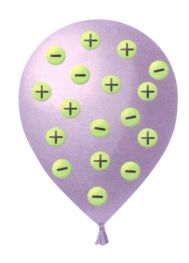

As cargas elétricas presentes em um corpo são representadas pelos símbolos "+" e "−".

Eletrização por atrito

Ao esfregar o balão de festa no cabelo, ele fica eletrizado. Ao aproximá-lo de um balão neutro, esse balão é atraído.

Em certas situações (em dias secos com vento ou quando nos esfregamos em lã, por exemplo), nosso corpo pode ficar eletrizado. Quando isso ocorre, podemos tomar um leve choque ao encostar em corpos de metal. Isso acontece porque as cargas negativas passam rapidamente de um corpo para o outro.

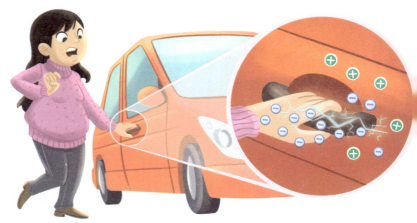

É possível observar a eletrização de um corpo quando tomamos um leve choque, ao encostar na maçaneta de um carro.

Circuito elétrico

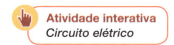
Atividade interativa
Circuito elétrico

Quando ligamos os aparelhos elétricos a uma tomada conectada à rede elétrica ou a uma pilha, permitimos que cargas elétricas se movimentem através dos fios. Esse movimento das cargas forma uma **corrente elétrica**, que faz com que esses aparelhos funcionem.

Para que haja corrente elétrica, todos os componentes devem estar conectados sem interrupções, formando um **circuito elétrico**, que é formado por:

- **gerador de energia**: transforma outras formas de energia elétrica e induz o movimento das cargas elétricas;
- **fio condutor**: meio por onde as cargas elétricas se movimentam;
- **aparelho**: usa a energia elétrica em seu funcionamento; por exemplo, lâmpadas e eletrodomésticos.

A corrente elétrica só percorre um circuito se ele estiver todo conectado. Nesse caso, diz-se que o circuito está **fechado**. Se há uma interrupção em algum ponto do circuito, as cargas elétricas não conseguem se movimentar pelos fios e não há fornecimento de energia elétrica para que o aparelho funcione. Nesse caso, diz-se que o circuito está **aberto**.

Esse é o princípio do funcionamento do interruptor. É ele que nos permite ligar e desligar um aparelho ao fechar e abrir o circuito.

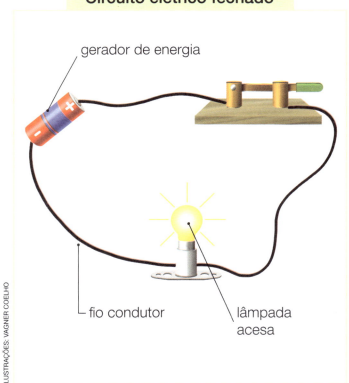

Circuito elétrico fechado
(gerador de energia, fio condutor, lâmpada acesa)

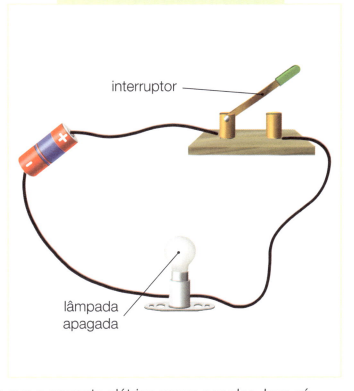

Circuito elétrico aberto
(interruptor, lâmpada apagada)

Para que os aparelhos elétricos funcionem, é preciso que a corrente elétrica passe por eles. Isso só ocorre quando o circuito está fechado.

1. Observe a tirinha e responda às questões.

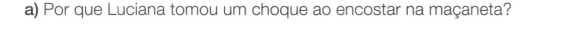

a) Por que Luciana tomou um choque ao encostar na maçaneta?

_____

_____

b) Você já viveu uma situação semelhante? Descreva.

_____

_____

2. Desenhe os fios condutores de modo a formar um circuito elétrico aberto e um circuito elétrico fechado.

Nesta atividade, há várias formas de ligar os fios de modo a obter a resposta correta. **Quantas soluções** você consegue encontrar?

3. Observe a figura ao lado e responda às questões.

a) Está havendo passagem de corrente elétrica através do fio da televisão? Por quê?

_____

b) Nessa situação existe um circuito elétrico; ele está aberto ou fechado? Explique.

_____

_____

Álbum de Ciências

Consumo responsável de energia elétrica

Veja a seguir algumas sugestões de formas responsáveis de consumir energia elétrica nas atividades do dia a dia de uma casa.

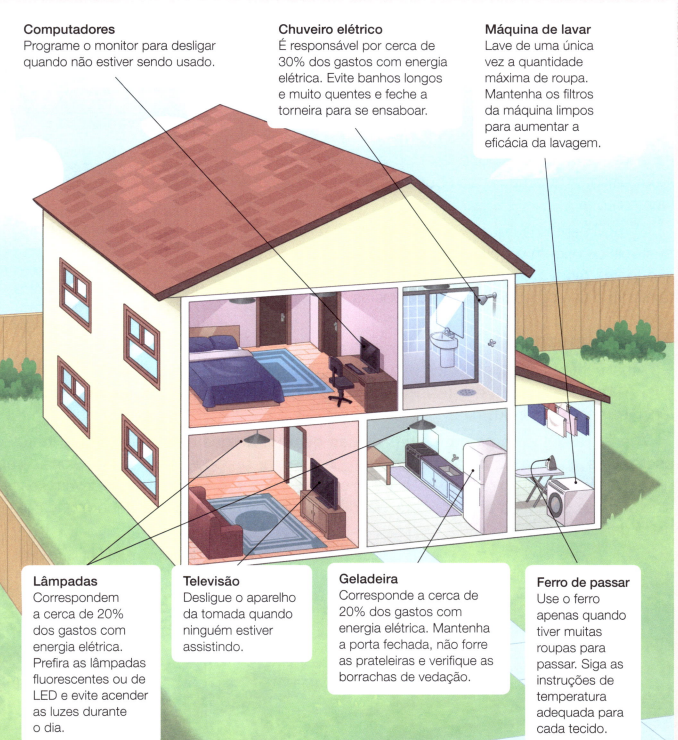

Computadores
Programe o monitor para desligar quando não estiver sendo usado.

Chuveiro elétrico
É responsável por cerca de 30% dos gastos com energia elétrica. Evite banhos longos e muito quentes e feche a torneira para se ensaboar.

Máquina de lavar
Lave de uma única vez a quantidade máxima de roupa. Mantenha os filtros da máquina limpos para aumentar a eficácia da lavagem.

Lâmpadas
Correspondem a cerca de 20% dos gastos com energia elétrica. Prefira as lâmpadas fluorescentes ou de LED e evite acender as luzes durante o dia.

Televisão
Desligue o aparelho da tomada quando ninguém estiver assistindo.

Geladeira
Corresponde a cerca de 20% dos gastos com energia elétrica. Mantenha a porta fechada, não forre as prateleiras e verifique as borrachas de vedação.

Ferro de passar
Use o ferro apenas quando tiver muitas roupas para passar. Siga as instruções de temperatura adequada para cada tecido.

Fonte dos dados: Pontifícia Universidade Católica do Rio Grande do Sul. Faculdade de Engenharia. *Uso sustentável da energia*: guia de orientações. Porto Alegre: PUCRS, 2010.

CAPÍTULO 4
Geração de energia

Atividade interativa
Fontes de energia renováveis e não renováveis

Os recursos naturais que fornecem energia para as atividades humanas são chamados **fontes de energia**, que podem ser classificadas em renováveis ou não renováveis.

Os combustíveis que vêm do petróleo, do gás natural e do carvão são fontes de energia não renováveis, ou seja, elas existem em quantidades finitas na natureza e levam milhares de anos para se formar. O uso indiscriminado desses recursos pode levar ao seu esgotamento. Além disso, a queima de combustíveis emite gases poluentes no ar.

O movimento da água e do ar, a luz solar e os combustíveis de origem vegetal, como o etanol e a biomassa, são fontes renováveis de energia, ou seja, não se esgotam com o uso ou podem ser recompostas.

O petróleo é a matéria-prima para a gasolina, que é uma fonte de energia não renovável.

Biomassa: matéria orgânica, principalmente de origem vegetal, usada como fonte de energia.

Energia elétrica

Atualmente, a energia elétrica tem grande importância para o dia a dia dos seres humanos. Além de ser usada nas residências, ela é fundamental na dinâmica das cidades e no funcionamento das indústrias.

A energia elétrica é produzida nas **usinas geradoras**, que utilizam diferentes fontes de energia. Na escolha do modo de geração de energia, o poder público deve considerar a disponibilidade local do recurso natural que será a fonte de energia. Também devem ser considerados os danos ao ambiente que ocorrem durante a construção e o funcionamento da usina geradora.

A usina de Itaipu é uma das maiores do mundo. Fica na fronteira entre Brasil e Paraguai. Ela sozinha fornece energia para grande parte do Brasil e para quase todo o Paraguai.

1 Responda às questões a seguir com base na leitura do gráfico.

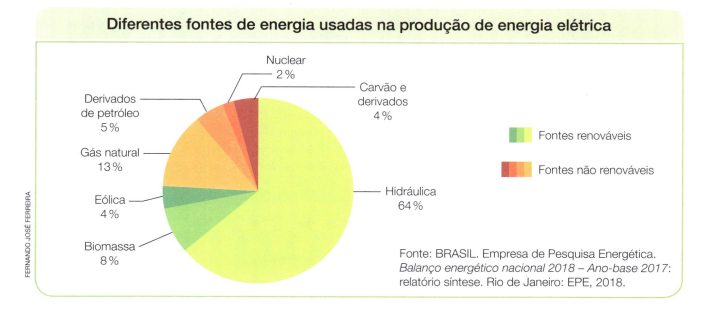

a) Quais são as fontes de energia renováveis mostradas no gráfico?
_____
_____

b) Quais são as fontes de energia não renováveis mostradas no gráfico?
_____
_____

c) Qual é a fonte de energia que mais contribui na produção de energia elétrica no Brasil?
_____

d) Cite as três fontes de energia com menor participação na produção de energia elétrica no Brasil.
_____
_____

e) Para produzir energia elétrica no Brasil, usam-se mais fontes de energia renováveis ou não renováveis?
_____
_____

f) Cite uma fonte de energia que leva milhões de anos para se formar.
_____

67

Usinas hidrelétricas

As usinas hidrelétricas utilizam a energia do movimento da água para produzir energia elétrica.

Multimídia
Hidrelétrica

Fonte
Água de um rio, um recurso renovável e que não polui o ar, é a fonte da energia hidrelétrica.

No entanto...
O represamento gera impactos ambientais e sociais pela inundação de vastas áreas naturais ou ocupadas por pessoas.

Represamento
O acúmulo de água garante o suprimento e a força necessária para girar as turbinas.

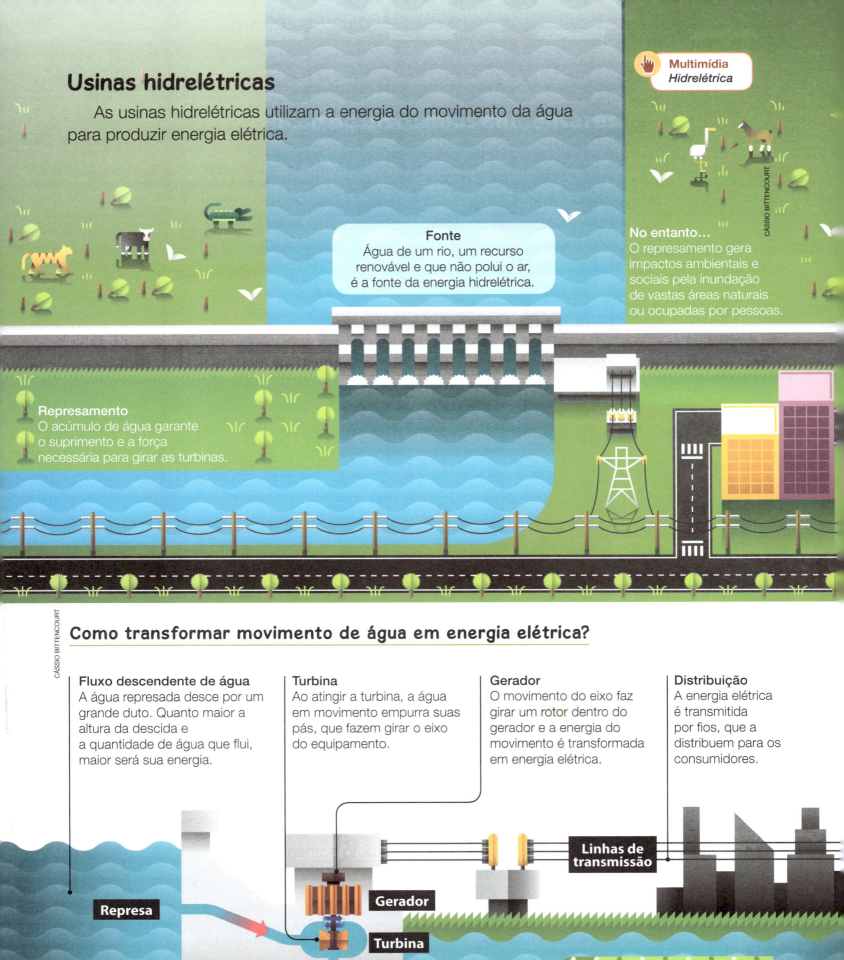

Como transformar movimento de água em energia elétrica?

Fluxo descendente de água
A água represada desce por um grande duto. Quanto maior a altura da descida e a quantidade de água que flui, maior será sua energia.

Turbina
Ao atingir a turbina, a água em movimento empurra suas pás, que fazem girar o eixo do equipamento.

Gerador
O movimento do eixo faz girar um rotor dentro do gerador e a energia do movimento é transformada em energia elétrica.

Distribuição
A energia elétrica é transmitida por fios, que a distribuem para os consumidores.

Rotor: parte giratória de certas máquinas.

Para tentar diminuir os danos causados ao ambiente durante a instalação de uma usina hidrelétrica, as empresas construtoras são obrigadas a fazer o **resgate** dos animais que ficam "ilhados" no processo de alagamento da área.

O resgate de fauna inclui afugentar ou capturar, coletar e transportar animais que possam ser atingidos por eventos que impactam o ambiente.

Para reduzir o impacto, equipes afugentam alguns animais com maior mobilidade, como aves e alguns mamíferos. Já os animais que se entocam ou têm mobilidade reduzida são capturados, catalogados e levados para um local seguro.

Apesar dessa medida, nem todos os animais são salvos e muitos acabam morrendo.

Filhote de cangambá resgatado pelos pesquisadores do Cemafauna, em ação realizada para as obras de integração do rio São Francisco, no município de Petrolina, estado de Pernambuco.

2) Qual é o recurso natural usado para gerar energia nas usinas hidrelétricas?

3) Como acontece a transformação de energia em uma usina hidrelétrica?

4) Qual é o nome da máquina que realiza essa transformação de energia?

5) De que maneira a energia elétrica é conduzida até as residências?

Usinas termelétricas

As usinas termelétricas produzem energia elétrica a partir de energia transmitida como calor.

Fonte
As formas mais comuns de se gerar calor nessas usinas é queimando **combustíveis** (principalmente carvão mineral, óleo *diesel* e gás natural) ou usando minerais radioativos.

No entanto...
A queima de combustíveis emite substâncias, como o gás carbônico, que **poluem a atmosfera** e intensificam o efeito estufa, contribuindo para a mudança climática do planeta.

Como transformar calor em energia elétrica?

Calor
A energia térmica liberada na queima dos combustíveis é absorvida pela água, que aquece e vira vapor, que se acumula dentro da caldeira.

Fluxo de vapor
O vapor sai da caldeira com muita força e rapidez e segue por uma tubulação. Quanto maior for a força e a rapidez do vapor, maior será sua energia.

Turbina
A energia do vapor em movimento faz girar as pás ligadas ao eixo da turbina.

Gerador
O eixo da turbina é acoplado a um gerador. A energia captada pelas pás é transferida pelo movimento dos eixos para o gerador, que a transforma em energia elétrica.

Distribuição
A energia produzida no gerador é distribuída por meio dos fios da rede elétrica.

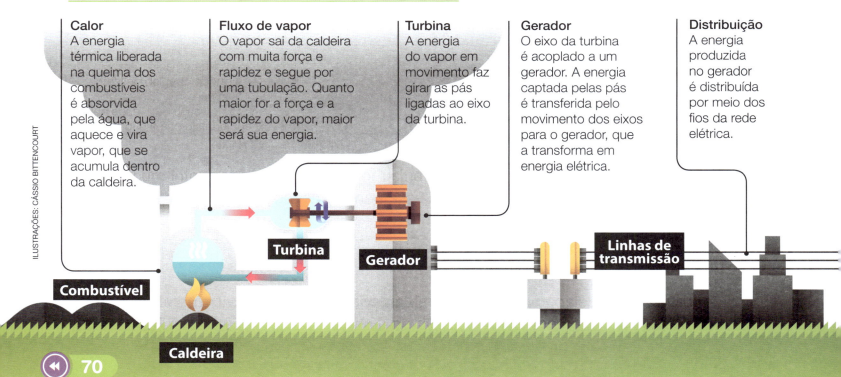

ILUSTRAÇÕES: CÁSSIO BITTENCOURT

6 Quais são as fontes de energia utilizadas nas usinas termelétricas?

_____
_____

7 Escreva as transformações de energia que acontecem em uma usina termelétrica.

_____
_____
_____
_____

8 Leia o texto abaixo e observe a imagem.

Nas **usinas nucleares**, é o vapor de água que faz girar as turbinas de um gerador. A fonte de energia usada para aquecer a água é o urânio, mineral que libera energia térmica ao se desintegrar. O funcionamento das usinas nucleares não produz gases que poluem o ar, mas gera resíduos radioativos extremamente perigosos para os seres vivos.

Usinas nucleares Angra 1 e Angra 2 no município de Angra dos Reis, no estado do Rio de Janeiro, 2015.

a) Qual é a fonte de energia utilizada nas usinas nucleares?

_____

b) Qual é o ponto negativo das usinas nucleares?

_____
_____

Para ler e escrever melhor

> O texto apresenta a relação de **causa** e **consequência** entre a falta de chuva e a produção de energia elétrica.

Geração de energia e chuvas

Os reservatórios das usinas hidrelétricas acumulam água durante o período de chuvas, para que mesmo em épocas de seca, com o reservatório cheio, haja um fluxo constante de água para girar as turbinas.

Mas, se o período de seca persistir, como aconteceu em algumas regiões do Brasil no ano de 2015, a **consequência** imediata é a diminuição do nível dos reservatórios. Essa diminuição **resulta** na queda da produção de energia nas usinas hidrelétricas.

Como o país precisa de energia elétrica para desempenhar suas atividades também no período de seca, o **efeito** da queda de produção nas usinas hidrelétricas é o acionamento de usinas termelétricas.

As usinas termelétricas complementam o fornecimento de energia. A energia produzida por usinas termelétricas é mais cara do que a gerada pelas hidrelétricas. Por isso, quando essas usinas são usadas, as bandeiras tarifárias amarela e vermelha são acionadas, aumentando a tarifa de energia paga pelos consumidores.

VAGNER COELHO

Analise

1. O que causa a diminuição do nível dos reservatórios das hidrelétricas? Em que parágrafo se encontra essa informação?

___

2. Que palavras usadas no texto desempenham o mesmo sentido de "consequência"?

___

72

Organize

3 Complete o esquema de acordo com as informações apresentadas no texto.

Causa		Consequência
_____	→	Diminuição do nível dos reservatórios das hidrelétricas.

Consequência	→	Consequência
_____		_____

Escreva

4 Leia as informações a seguir e escreva no caderno um texto mostrando as consequências da produção de energia em usinas termelétricas.

> Nas usinas termelétricas, muitas vezes a energia é produzida por meio da queima de combustíveis fósseis, como o carvão mineral, o gás natural e derivados de petróleo.

Causa		Consequência
Produção de energia em usinas termelétricas.	→	Poluição do ar.
	→	**Consequência** Esgotamento de combustíveis fósseis.

73

Fontes alternativas de energia

Energia solar

A **energia solar** é mais utilizada para gerar energia térmica, por exemplo, no aquecimento de água em residências. Embora isso não produza energia elétrica, reduz o seu consumo.

Para produzir energia elétrica através da luz solar é necessário o uso de **placas fotovoltaicas.** Existem projetos de geração de energia elétrica pelo sistema fotovoltaico para suprir as demandas energéticas das comunidades rurais e isoladas.

As desvantagens desse tipo de energia são o alto custo de instalação das placas fotovoltaicas e a baixa eficiência do processo. Por isso, ainda não é possível o uso de energia solar para a geração de energia elétrica suficiente para abastecer indústrias e manter cidades inteiras.

Placas fotovoltaicas de geração de energia elétrica na Universidade de Lins, no interior do estado de São Paulo, 2016.

Energia eólica

A **energia eólica** também é uma fonte renovável de energia que pode produzir energia elétrica com menor prejuízo ao ambiente. Ela é transformada em energia elétrica por meio do movimento das pás de um **aerogerador**.

O Brasil é um país com grande potencial para a instalação de parques geradores de energia eólica. E essa tecnologia se torna cada vez mais eficiente e mais aerogeradores são instalados no país.

Audiovisual
Energia eólica

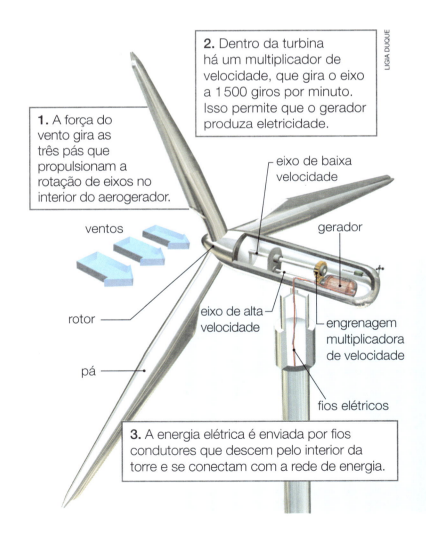

Representação da turbina de energia eólica.

Biogás

Esse gás, produzido pela decomposição da matéria orgânica, pode ser coletado e conduzido por tubulações até usinas termelétricas, onde é usado como combustível.

Estação coletora de biogás em aterro sanitário, no estado do Rio de Janeiro, 2013.

Biocombustíveis

Os biocombustíveis são derivados de biomassa renovável, como óleos vegetais. Os principais biocombustíveis utilizados no Brasil são cana-de-açúcar, que produz o etanol, e soja, que produz o biodiesel.

A soja é usada na produção de biodiesel.

9 Quais são as principais vantagens das fontes alternativas de energia?

_____
_____
_____
_____

10 Escolha uma das fontes de energia mencionadas nas páginas 74 e 75 e pesquise quais são as desvantagens dela.

_____
_____
_____
_____
_____
_____

O mundo que queremos

Energia elétrica para todos

A energia elétrica nos proporcionou tomar banho quente, assistir à TV e navegar na internet. Sem o acesso à energia, nenhuma dessas atividades seria possível. A energia elétrica também ilumina ruas e residências durante a noite. Indústrias, comércios, hospitais e escolas, por exemplo, também precisam dela para funcionar. A energia elétrica trouxe conforto, segurança e lazer para a vida das pessoas.

A energia elétrica é uma realidade para a maioria das pessoas. Porém, no mundo, ainda existem milhares de famílias que não têm acesso a ela. A maioria dessas famílias está localizada em regiões isoladas, longe dos centros urbanos. Para essas pessoas, atividades cotidianas se tornam mais difíceis e a maioria delas só pode ser realizada durante o dia.

Sem energia elétrica, não existem fábricas nem hospitais por perto; assim, as pessoas possuem poucas oportunidades de trabalho e o acesso à saúde é limitado. O desperdício de alimentos também é grande, pois não há *freezers* nem geladeiras para armazená-los adequadamente. As escolas não têm aulas noturnas e não contam com aparelhos como ventiladores e computadores.

Em 2015, a Organização das Nações Unidas (ONU) celebrou o Ano Internacional da Luz. A data foi criada para destacar a importância da luz na vida das pessoas e para sensibilizar os governos mundiais em relação à quantidade de pessoas que ainda vivem sem energia elétrica. De acordo com a ONU, cerca de 1,5 bilhão de pessoas em todo o mundo não possui energia elétrica.

76

Compreenda a leitura

1. Quais são as comodidades que a energia elétrica pode oferecer?

   _____
   _____

2. Descreva as dificuldades das famílias que não possuem energia elétrica.

   _____
   _____
   _____
   _____

Vamos fazer

3. Você costuma se divertir e brincar usando aparelhos eletrônicos, como *tablets*, celulares e *videogames*, que utilizam energia elétrica para serem recarregados?

   - Você acha que poderia substituir as atividades que esses aparelhos propiciam por outras que não consomem energia elétrica?
   - Que tal criar um jogo que não utilize energia elétrica? Em grupos, sigam os passos abaixo.

   ✓ Pensem em um jogo novo e diferente que vocês gostariam que existisse.

   ✓ Listem os materiais necessários para a realização do jogo.

   ✓ Elaborem as regras do jogo. É importante pensar em alguns aspectos, por exemplo: O jogo vai acumular pontos? Haverá uma recompensa para o ganhador? É possível ocorrer empate? Se sim, qual será o procedimento para desempatar?

   ✓ Se for necessário, façam um manual de instruções ou cartas com as regras para serem distribuídos aos participantes.

   ✓ Compartilhem o jogo com outros grupos e brinquem com os jogos elaborados pelos colegas.

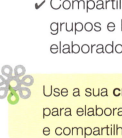 Use a sua **criatividade e imaginação** para elaborar o jogo. Escute os colegas e compartilhe suas ideias!

Capítulo 5. Propriedades dos materiais

Os materiais envolvidos nas transformações de energia, nas situações em que há eletricidade e nas demais atividades humanas, apresentam características próprias, algumas das quais são chamadas de **propriedades físicas**. Essas propriedades nos ajudam a reconhecer e diferenciar os materiais, assim como a decidir qual deles é melhor para cada atividade que desejamos desenvolver ou objeto que desejamos produzir.

Veja a seguir algumas propriedades físicas dos materiais.

Densidade: característica que relaciona a massa de um objeto feito de determinado material com o volume que ele ocupa. É uma propriedade específica de determinados materiais e pode ser usada para identificá-los.

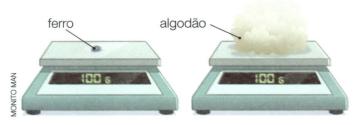

A mesma massa de ferro ocupa menor volume que a de algodão. Assim, podemos dizer que o ferro é mais denso que o algodão.

Os objetos que flutuam na água são menos densos que esse líquido. Aqueles que ficam no meio da coluna de água têm mesma densidade e aqueles que afundam são mais densos que a água.

Resistência ou tenacidade: um objeto feito de material resistente é mais difícil de ser quebrado quando submetido a um impacto, como uma queda ou uma martelada.

O aço é um material resistente e, por isso, é usado como parte da estrutura das construções.

Dureza: quanto maior é a dureza de um material, mais difícil é riscar sua superfície.

A grafite é um material mole que pode ser usado para escrever, ou seja, riscar o papel.

Elasticidade: os materiais elásticos podem ser deformados e voltar à forma original quando a força causadora da deformação para de atuar.

A borracha é um exemplo de material elástico. Ao puxar um elástico para papel, ele estira. Ao soltá-lo, ele volta à forma original.

Condutibilidade térmica: indica a capacidade dos materiais de conduzir energia térmica, ou seja, calor. Os materiais que não conduzem bem a energia térmica são chamados de **isolantes térmicos**.

O alumínio é um bom condutor térmico, por isso é muito usado na fabricação de panelas, permitindo que a energia térmica do fogo passe de forma eficiente para o alimento. Já a colher de pau é feita de madeira, um material isolante, por isso podemos segurá-la. Mas cuidado! Encostar em uma panela quente pode causar queimaduras.

Além das propriedades físicas dos materiais estudadas anteriormente, existem outras como o magnetismo e a condutibilidade elétrica. Conheça a seguir essas propriedades.

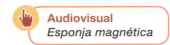

Magnetismo

O ímã é um objeto capaz de atrair alguns tipos de metal, como o ferro e o níquel. Essa propriedade de atração é chamada de **magnetismo**. A região ao redor do ímã, na qual ele tem poder de atração, é chamada de **campo magnético**. Quanto mais próximo o corpo de metal estiver do ímã, maior será o poder de atração do campo magnético. À medida que se afasta, a força de atração diminui. É por isso que, geralmente, é preciso aproximar o ímã dos corpos metálicos para que ele os atraia.

Ímã atraindo limalhas de ferro.

1 Quais objetos comuns no dia a dia podem ser atraídos por ímãs?

_____

_____

Atração e repulsão entre ímãs

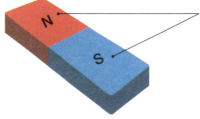

Um ímã tem duas zonas opostas, **polo norte** e **polo sul**, nas quais a capacidade de atração é máxima.

Quando aproximamos dois ímãs, podem ocorrer duas situações:

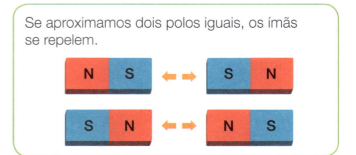

Se aproximamos dois polos diferentes, os ímãs se atraem.

Se aproximamos dois polos iguais, os ímãs se repelem.

2 João tentou aproximar dois ímãs e percebeu que não conseguia "grudá-los". Pegou um deles e virou do lado oposto ao que estava tentando aproximar e, para sua surpresa, os ímãs "grudaram". Explique por que isso aconteceu.

_____

_____

80

Os usos do magnetismo

O magnetismo pode ser aproveitado de diversas maneiras. Os ímãs são usados em bússolas, jogos, enfeites de geladeira, entre outros. Televisão, computador, rádio e telefone celular são exemplos de aparelhos que têm algum tipo de ímã em seu interior.

Os trens de levitação magnética são movimentados, basicamente, pela interação entre os ímãs presentes no trem e os ímãs do trilho. Na fotografia, o primeiro trem de levitação magnética da China, em Pequim, 2017.

A bússola e o magnetismo terrestre

A bússola é uma das grandes invenções tecnológicas da humanidade. Ela permitiu determinar as direções. Isso favoreceu a exploração marítima e possibilitou uma grande revolução no comércio mundial.

A bússola funciona porque o planeta Terra apresenta um campo magnético. A agulha da bússola fica suspensa e se orienta pelo campo magnético da Terra, indicando a direção norte-sul.

A agulha da bússola aponta para o polo norte geográfico do planeta Terra.

3 Em sua opinião, uma bússola funcionaria se sua agulha feita de material metálico fosse trocada por um palito de fósforo? Explique.

Condutibilidade elétrica

A passagem da energia elétrica não acontece da mesma maneira nos diferentes materiais. A condutibilidade elétrica indica a facilidade com que um material conduz a energia elétrica. Alguns materiais permitem a passagem de energia elétrica mais facilmente que outros. De acordo com essa propriedade, os materiais podem ser classificados em condutores e isolantes de eletricidade.

Nos equipamentos elétricos são usados materiais condutores e isolantes. Todas as partes do circuito elétrico por onde passa a corrente são feitas de metal. Mas, para que as pessoas utilizem o equipamento sem tomar choques, as partes que são manuseadas devem estar isoladas da corrente elétrica. Veja o exemplo a seguir.

Materiais isolantes elétricos dificultam a passagem de corrente elétrica. Exemplos: plástico, borracha, cerâmica e madeira.

Materiais condutores elétricos facilitam a passagem de corrente elétrica. Os metais, como o cobre e o alumínio, são condutores elétricos.

82

É importante tomar alguns cuidados para evitar tomar choques em situações do dia a dia. Sempre que for manipular aparelhos elétricos, chame um adulto para supervisioná-lo.

Choque elétrico: saiba como evitar

- Nunca mexa na parte interna das tomadas, seja com os dedos ou com objetos (tesouras, agulhas, facas, etc.); [...]
- Nunca toque em aparelhos elétricos quando estiver com as mãos ou o corpo molhados;
- Não mude a chave de temperatura (inverno/verão) do chuveiro elétrico com o corpo molhado e o chuveiro ligado; [...]
- Nunca pise em fios caídos no chão, principalmente se a queda foi consequência de uma tempestade; [...]
- Não sobrecarregue as instalações elétricas com vários utensílios ao mesmo tempo, pois os fios esquentam e podem ocasionar um incêndio; [...]
- Se a casa ficar desocupada por um período prolongado, desligue a chave elétrica principal.

Corpo de Bombeiros Militar de Minas Gerais. *Choque elétrico*: saiba como evitar. Disponível em: <http://mod.lk/choque>. Acesso em: 21 jul. 2018.

4 Para apagar incêndios, os bombeiros vestem roupas feitas de material isolante térmico. O que aconteceria com o corpo do bombeiro se ele não vestisse a roupa isolante?

_____

_____

5 Observe as imagens e escreva se os materiais indicados são isolantes ou condutores de eletricidade.

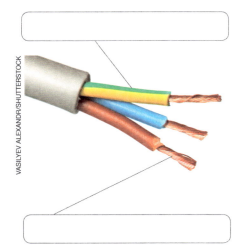 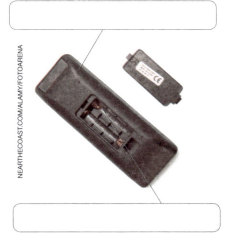 

6 Em grupo, criem um cartaz para alertar a comunidade sobre acidentes com eletricidade.

O que você aprendeu

1 Vamos descobrir em qual período do dia é consumida mais energia elétrica na casa de Alice e Artur?

- Observe novamente as ilustrações das páginas 52 e 53. Complete o gráfico com o número de aparelhos elétricos utilizados na casa em cada período do dia.

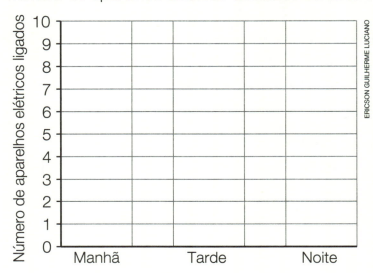

O período do dia em que a energia elétrica é mais consumida é:

_____

2 O esquema a seguir representa a transformação de energia que acontece em dois tipos de lâmpada. Observe e responda.

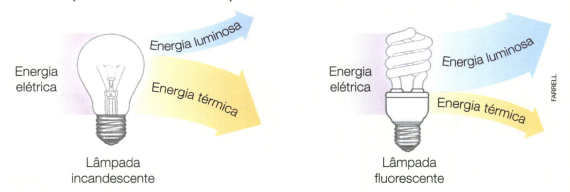

a) Qual tipo de lâmpada é mais eficiente para transformar a energia elétrica em energia luminosa? Explique.

_____
_____
_____

b) É correto dizer que parte da energia elétrica consumida pela lâmpada incandescente desaparece? Por quê?

_____
_____

84

3 Leia o texto, observe as imagens ao lado e responda.

As cargas elétricas presentes nos corpos estão representadas com os sinais **+** e **–**. As cargas positivas estão representadas com **+** e as cargas negativas estão representadas com **–**.

- Qual imagem mostra um corpo que pode atrair pequenos pedaços de papel? Por quê?

_____

_____

_____

_____

4 Identifique os componentes do circuito a seguir.

IZAAC BRITO

a) Qual é a função de cada elemento do circuito?

_____

_____

_____

_____

b) Esse circuito elétrico está aberto ou fechado? Como você chegou a essa conclusão?

_____

_____

_____

85

O QUE VOCÊ APRENDEU

5 Que transformações de energia acontecem em cada tipo de usina? Pinte com a cor correspondente.

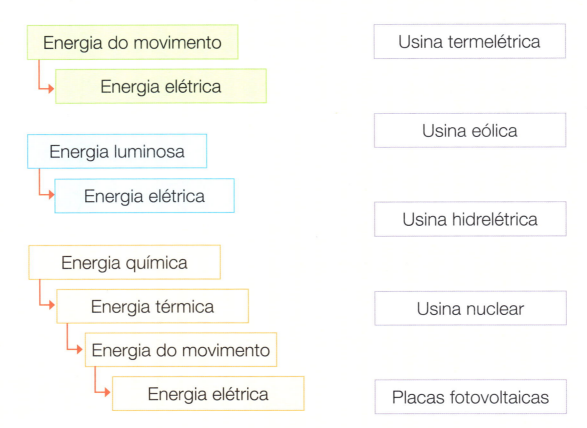

6 Escreva o nome de três combustíveis e indique, para cada um, uma forma de utilização.

Combustíveis	Utilização

7 Procure informações sobre a maior usina hidrelétrica do Brasil.

a) Onde ela fica?

b) Quando ela foi construída?

c) Quanto de energia elétrica ela gera por mês ou por ano?

d) Escreva mais algumas informações interessantes que você descobriu em sua pesquisa.

8 Júlia e Cristina estão montando um painel de fotos. Geralmente, elas utilizam alfinetes coloridos para fixar as fotos no mural de cortiça, mas, dessa vez, Cristina sugeriu o uso de ímãs. Depois de tentar, as meninas perceberam que não estava funcionando.

a) Explique o motivo de a ideia de Cristina não funcionar.

_____

_____

_____

b) Sugira uma opção de painel em que elas possam fixar as fotos utilizando ímãs.

_____

_____

9 Maíra percebeu que seu irmão misturou os seus clipes de papel: ele guardou tanto os clipes feitos de metal quanto os feitos de plástico na mesma caixa.

- Como Maíra pode fazer para separar facilmente os dois tipos de clipe?

_____

_____

_____

_____

10 Leia o texto e responda à questão.

Bruno e Clara deixaram alguns carrinhos de brinquedo expostos ao sol enquanto almoçavam. Ao voltarem, uma hora mais tarde, conseguiram brincar apenas com os carrinhos de plástico e os de madeira, pois os carrinhos de metal estavam muito quentes.

- Sabendo que os carrinhos tinham aproximadamente o mesmo tamanho, explique por que alguns ficaram mais quentes que outros.

_____

_____

_____

UNIDADE 3 — Funcionamento do corpo humano

Os cuidados com um cãozinho

Gabriel quer ter um cãozinho de estimação. Veja o que a mãe dele lhe disse.

Você pode ter um cãozinho de estimação, desde que não se esqueça de...

... dar a ele comida e água todos os dias,

... passear e brincar com ele,

... ajudar na limpeza do cocô e do xixi do cãozinho.

Vamos conversar

1. Quais são as condições exigidas pela mãe de Gabriel para que ele tenha um cãozinho?
2. As necessidades do cãozinho são parecidas com as de um ser humano?
3. Do que você acha que o corpo humano precisa para funcionar?

ILUSTRAÇÕES: DANILSON CARVALHO

Investigar o assunto

Conhecendo o corpo humano

Você conhece o seu corpo? Sabe o que há dentro dele?

O que você vai fazer

Representar o que sabe sobre o seu corpo em um modelo.

Material

- pedaço grande de papel Kraft
- giz de cera de várias cores

Como você vai fazer

1. Forme grupos com os colegas. O professor vai dar a cada grupo um pedaço de papel Kraft.

2. Após a formação do grupo, sorteiem um integrante, que deve se deitar sobre o papel com os braços afastados do corpo e as pernas separadas.

3. Escolham um dos colegas para fazer o contorno do corpo de quem está deitado usando o giz de cera.

4. Em seguida, desenhem dentro do contorno do corpo o que vocês imaginam ter no interior do corpo humano.

5. Se vocês souberem o nome de alguma parte do corpo, escrevam ao lado do desenho.

6. Comparem com os outros grupos o que vocês representaram e conversem sobre as diferenças e as semelhanças entre os desenhos.

Esquema do passo 3. Com o giz de cera, contornem todo o corpo de um colega.

7. Apresentem o modelo do corpo aos colegas, indicando:

- por onde o alimento entra em nosso corpo;
- por quais partes do corpo o alimento passa;
- por onde o ar entra em nosso corpo;
- por quais partes do corpo o ar passa;
- que parte controla o funcionamento do corpo.

8. O professor vai expor os modelos da turma. Assim, todos poderão conhecer o trabalho dos colegas e aprender mais sobre o corpo humano.

 Aplique os conhecimentos que você já possui sobre o corpo. Possivelmente já deve ter aprendido algo sobre o corpo humano nos anos anteriores.

1 Quais são as semelhanças e diferenças entre os modelos?

_____
_____

2 O que você acha que acontece dentro do corpo humano?

_____
_____

3 Converse com seus colegas sobre as seguintes questões.

a) Do que os seres humanos precisam para viver?

b) Como podemos cuidar da saúde?

91

CAPÍTULO 1. Alimentos e nutrientes

Para se manter vivo, crescer com saúde e ter energia, o corpo humano precisa de **nutrientes**. Os nutrientes são substâncias presentes nos alimentos que são aproveitadas pelo organismo, essenciais para seu funcionamento e necessários para o crescimento e manutenção de suas estruturas. São eles: os **carboidratos**, as **proteínas**, os **lipídios**, os **minerais** e as **vitaminas**.

A água é indispensável para o funcionamento do corpo, por isso uma alimentação saudável também inclui o consumo regular de água.

Os **lipídios** fornecem energia e são importantes na manutenção da temperatura do corpo e na formação de novas células. Exemplos de alimentos ricos em lipídios são o azeite, o óleo de soja e o abacate.

As hortaliças e as frutas contêm grandes quantidades de **vitaminas** e **minerais**, que, além de serem necessários para que o organismo funcione bem, ajudam na prevenção de doenças. Esses alimentos também contêm fibras, que, embora não sejam consideradas nutrientes, são muito importantes, pois garantem o bom funcionamento dos intestinos.

Os **carboidratos** são as principais fontes de energia para as atividades do dia a dia. Podem ser encontrados em maior quantidade em alimentos como arroz, pães, macarrão e batata.

As **proteínas** fornecem, principalmente, o material necessário para o crescimento do corpo e a formação de novas células. Podem ser encontradas em maior quantidade em alimentos como feijão, carne, frango e ovos.

Representação esquemática para fins didáticos. Cores-fantasia.

O ato de comer

Comer é muito mais do que ingerir nutrientes. É um momento da nossa rotina em que nos alimentamos e convivemos com outras pessoas. É importante que o ato de comer seja agradável, ocorra em horários regulares, em locais apropriados e, de preferência, na companhia de familiares ou colegas.

Os **hábitos alimentares** fazem parte da identidade de um povo, sendo transmitidos de geração a geração. Por isso, o que é considerado comida pode variar muito, dependendo de cada cultura.

Em alguns locais do Brasil, a farofa de formiga é um prato muito apreciado. Ela é feita com farinha de mandioca, óleo, formigas e temperos.

1. Que nutrientes existem em grande quantidade nos alimentos listados a seguir? Por que eles são importantes para o nosso corpo?

   a) Ovos, feijão, carne.
   _____
   _____

   b) Azeite, óleo de milho, manteiga.
   _____
   _____

   c) Aipim, pão, batata.
   _____
   _____

   d) Laranja, tomate, couve-flor.
   _____
   _____

2. Liste três alimentos que você come todos os dias. Eles são ricos em quais nutrientes?
   _____
   _____

3. Tatiana não costuma comer frutas, verduras e legumes em suas refeições. Quais tipos de nutrientes ela está deixando de consumir?
   - Explique a importância de consumir esses alimentos.

93

A escolha dos alimentos

Uma alimentação balanceada é aquela que contém os nutrientes necessários e em quantidades adequadas às necessidades de cada indivíduo. Para ter uma alimentação balanceada, é necessário conhecer como os alimentos são produzidos e, então, fazer boas escolhas.

- **Alimentos *in natura*:** os alimentos *in natura* são obtidos diretamente da natureza, por exemplo: legumes, frutas, verduras e ovos.

Frutas e hortaliças são alimentos *in natura* e ricos em nutrientes.

- **Alimentos minimamente processados:** os alimentos minimamente processados passaram por algum tipo de alteração, como moagem, limpeza, secagem, resfriamento ou congelamento, por exemplo: grãos, farinhas, carnes e leite.

Grãos como arroz, milho, lentilha e soja, e cereais, como a aveia, são alimentos minimamente processados.

- **Alimentos processados:** são alimentos que sofreram adição de sal, açúcar ou conservantes, por exemplo: ervilha em conserva, atum enlatado, frutas em calda, queijos e extrato de tomate.

O consumo de alimentos processados deve ser limitado a uma pequena quantidade.

- **Alimentos ultraprocessados:** são alimentos prontos para o consumo, produzidos pela indústria, como biscoitos, refrigerantes, sorvetes e salsicha. Eles passam por muitas transformações e por isso, além de serem pobres em nutrientes, ainda recebem a adição de muitas substâncias, como açúcar, gorduras e conservantes. Se consumidos em excesso, esses alimentos podem contribuir para a obesidade e para o surgimento de outras doenças.

O consumo de alimentos ultraprocessados deve ser evitado porque eles são pobres em nutrientes e ricos em substâncias que fazem mal quando consumidas em excesso.

4 Você costuma prestar atenção aos alimentos que inclui nas refeições?

_____

- Quais são as características que levam você a escolher os seus alimentos?

☐ Ser saudável. ☐ Ser saboroso. ☐ Ter muitos nutrientes.

5 Preencha o quadro abaixo com os alimentos que você consome diariamente, classificando-os.

Alimentos			
In natura	Minimamente processados	Processados	Ultraprocessados

6 Observe as refeições a seguir e responda.

FOTOS: JUNIOR ROZZO

a) Qual das refeições é considerada mais saudável? Por quê?

_____

_____

_____

b) Quais refeições apresentam alimentos ultraprocessados? Por que não é bom consumir esse tipo de alimento?

_____

_____

_____

Para ler e escrever melhor

> Este texto **descreve** o passo a passo do preparo de um prato aproveitando integralmente um alimento.

Aproveitamento integral dos alimentos

Você já notou a quantidade de alimentos desperdiçada no preparo das refeições? Muitas cascas, sementes, folhas e talos não são utilizados e vão para o lixo. Mas essas partes podem ser utilizadas e virar pratos deliciosos e nutritivos! Além disso, utilizar todas as partes dos alimentos diminui o desperdício, reduz os gastos com alimentação e produz menos resíduos.

Agora, vamos conhecer uma receita em que os alimentos são aproveitados integralmente.

Bolo de laranja com casca

Podemos aproveitar partes dos alimentos que geralmente jogamos fora.

Ingredientes

- ✔ 2 laranjas-lima ou laranjas-baía médias
- ✔ $\frac{3}{4}$ de xícara (chá) de óleo
- ✔ 3 ovos
- ✔ 2 xícaras (chá) de açúcar (se possível, usar açúcar mascavo)
- ✔ 2 xícaras (chá) de farinha de trigo
- ✔ 1 colher (sopa) de manteiga
- ✔ 1 colher (sopa) de fermento em pó
- ✔ 1 colher (chá) de essência de baunilha

Modo de preparo

1. Lave bem as laranjas.
2. Corte as laranjas em quatro partes e retire as sementes e a parte branca do centro. Mantenha a casca e o bagaço das laranjas.
3. Bata no liquidificador as laranjas, o óleo, os ovos, o açúcar e a essência de baunilha.
4. Despeje a mistura em uma vasilha, acrescente a farinha de trigo mexendo bem.
5. Por último, adicione o fermento, misturando devagar.
6. Despeje a mistura em uma forma untada com manteiga e enfarinhada. Asse por cerca de 30 minutos, em fogo médio.

Analise

1 Por que é importante aproveitar integralmente os alimentos?

_____
_____

2 Qual alimento foi aproveitado integralmente na receita? Se é possível aproveitar esse ingrediente, por que você acha que as pessoas não o utilizam no dia a dia?

_____
_____
_____

3 Como as instruções da receita estão apresentadas? Em sua opinião, essa forma de organização do texto facilita o entendimento?

_____
_____
_____

Organize

4 Preencha o esquema a seguir sobre as etapas da receita.

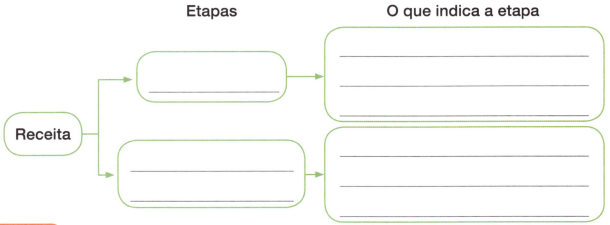

Escreva

5 Pergunte a um adulto da sua convivência sobre uma receita que utilize partes de alimentos geralmente descartadas.

Faça questionamentos ao seu entrevistado. Anote com atenção todas as respostas.

  a) Escreva, em uma folha de papel sulfite, todos os ingredientes, suas quantidades e o modo de preparo da receita de forma semelhante à apresentada na página anterior. Ao escrever, lembre-se de que outra pessoa vai ler a receita, então descreva o passo a passo de forma clara.

  b) Troque a receita com um colega da sala e tente prepará-la com um adulto em casa.

97

Cuidar da alimentação

Para que uma alimentação seja completa e saudável, ela deve conter alimentos variados e todos os nutrientes de que necessitamos, nas quantidades adequadas a cada pessoa.

Na tabela nutricional você encontra, além dos nutrientes existentes no alimento, o seu valor energético, que é a quantidade de energia que um alimento fornece, é medido em **quilocalorias (kcal)**. Por exemplo, uma banana de 100 gramas tem cerca de 90 kcal; 100 gramas de chocolate ao leite, cerca de 535 kcal.

A quantidade de calorias de que cada pessoa precisa para realizar as atividades diárias varia de acordo com sexo, idade, altura, nível de atividade física e peso. Assim, a quantidade e o tipo de alimento que deve compor as refeições diariamente variam de pessoa para pessoa.

As informações contidas na tabela nutricional são referentes a uma porção do alimento.

O ideal é escolher alimentos levando em conta não apenas seu valor energético, mas também se eles contêm os nutrientes de que necessitamos, se estão disponíveis e considerando nossas preferências.

7 O quadro a seguir mostra as necessidades energéticas de duas pessoas diferentes.

Nome	Idade	Nível de atividade física	Gasto energético diário
Paula	10	não pratica	2 000 kcal
Ângela	10	joga futebol	2 210 kcal

Fonte: Virginia Resende Silva Weffort e outros. *Manual do lanche saudável*. São Paulo: Sociedade Brasileira de Pediatria/Departamento Científico de Nutrologia, 2011.

a) Quem precisa ingerir mais calorias por dia? Justifique.

_____

_____

b) Você acha que, se Paula começar a praticar atividades físicas, ela terá o mesmo gasto energético que Ângela? Por quê?

_____

_____

_____

Há outros hábitos que devemos cultivar para cuidar de nossa alimentação. Veja a seguir alguns exemplos.

Dê preferência a alimentos *in natura* ou minimamente processados: frutas, verduras, legumes, ovos, carnes etc. Quanto mais variados forem, melhor!

Fique atento à higiene. Lave bem as mãos antes de todas as refeições. Guarde os alimentos em locais adequados para sua conservação. Mantenha a cozinha limpa.

Óleos, gorduras de origem animal, sal e açúcar devem ser usados em pequenas quantidades.

É importante comer em ambientes apropriados: locais limpos e tranquilos, sem a presença de celulares e aparelhos de televisão ligados e, se possível, na companhia de familiares ou amigos.

Evite o consumo de alimentos ultraprocessados, como biscoitos recheados, refrigerantes e sorvetes.

Faça suas refeições em horários semelhantes, todos os dias. Coma devagar, mastigando bem os alimentos.

A água é indispensável para o bom funcionamento do corpo. Recomenda-se beber de 6 a 8 copos de água por dia. É importante beber água antes de sentir sede.

  8 Pergunte a seus colegas de qual fruta mostrada no gráfico eles mais gostam.
- Pinte um quadrinho para cada resposta.

a) Qual é a fruta favorita da maioria dos seus colegas?

_____

_____

_____

b) De que fruta eles gostam menos?

_____

_____

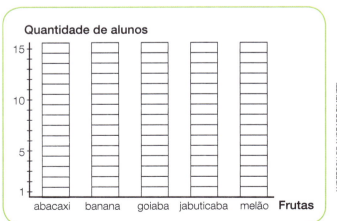

99

O mundo que queremos

Prevenção de distúrbios alimentares

Existem vários tipos de distúrbios nutricionais ou alimentares. Na anorexia, por exemplo, a pessoa não consegue se alimentar; já a pessoa com bulimia se alimenta, mas se sente culpada e provoca vômitos ou diarreia.

Outros distúrbios que se tornaram comuns são o sobrepeso e a obesidade. Eles podem ser causados, entre outros fatores, por ingestão de alimentos em excesso, consumo de alimentos ultraprocessados e falta de atividade física.

Leia, a seguir, um trecho que exemplifica o que sente uma pessoa com um distúrbio alimentar, que afeta sua autoestima.

Ana não gosta do próprio corpo. Ela é magra, inclusive está abaixo do peso ideal para a altura que tem. Mas, quando chega perto do espelho, a única imagem que consegue ver é de uma mulher obesa. Por isso, quando come, sente culpa. Ana também não se sente à vontade quando veste uma roupa.

Acredita que nenhuma peça lhe cai bem. Apesar de sentir tanta angústia, não consegue falar com os amigos ou com a família sobre o assunto. [...]

Aline Czezacki. *Dismorfias corporais e transtornos alimentares são doenças graves que precisam de atenção*. *Blog* da Saúde. Ministério da Saúde. Disponível em: <http://mod.lk/disturbi>. Acesso em: 19 jul. 2018.

Veja a seguir alguns hábitos que podem ajudar a prevenir os transtornos alimentares.

1. Comer sempre nos mesmos horários, não pular as refeições.

2. Dar preferência a lanches saudáveis entre as refeições.

3. Reduzir o consumo de alimentos processados e ultraprocessados.

4. Cultivar amigos, conversar com os responsáveis e professores, buscar opiniões e conselhos quando estiver angustiado ou em situações difíceis e estressantes.

5. Aceitar e valorizar as diferenças! Cada um de nós tem um corpo diferente e todos têm a sua beleza, temos de respeitá-lo e cuidar dele para mantê-lo saudável.

Compreenda a leitura

1 Quais são os distúrbios nutricionais ou alimentares citados no texto?

_____

_____

_____

2 De acordo com o texto, quais as possíveis causas da obesidade e do sobrepeso?

_____

_____

_____

Vamos fazer

3 A construção da autoestima abrange a percepção, aceitação e valorização de todas as características que fazem parte de quem somos.

Capriche na hora de escrever as características do seu colega. Selecione bem as qualidades que ele tem.

a) Faça dupla com um colega. Organize uma lista de qualidades ressaltando aquilo que você acha mais legal e interessante nele.

b) Escreva palavras e frases que representem os valores e as características que você acha importantes e que seu colega apresenta. Após terminarem de escrever, leiam as suas opiniões um para o outro.

CAPÍTULO 2. Do alimento à energia

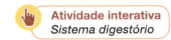

Atividade interativa
Sistema digestório

No corpo humano, os **sistemas** trabalham de maneira **integrada**, ou seja, trabalham juntos para mantê-lo o corpo funcionando e saudável. Vamos conhecer o funcionamento dos sistemas digestório, respiratório, circulatório e urinário.

O sistema digestório

Para que o corpo consiga absorver os nutrientes, os alimentos ingeridos precisam ser reduzidos e transformados em substâncias mais simples. Esse processo é chamado de **digestão**. As substâncias produzidas após a digestão podem, então, ser distribuídas e utilizadas pelo corpo. O **sistema digestório** é onde ocorre a digestão.

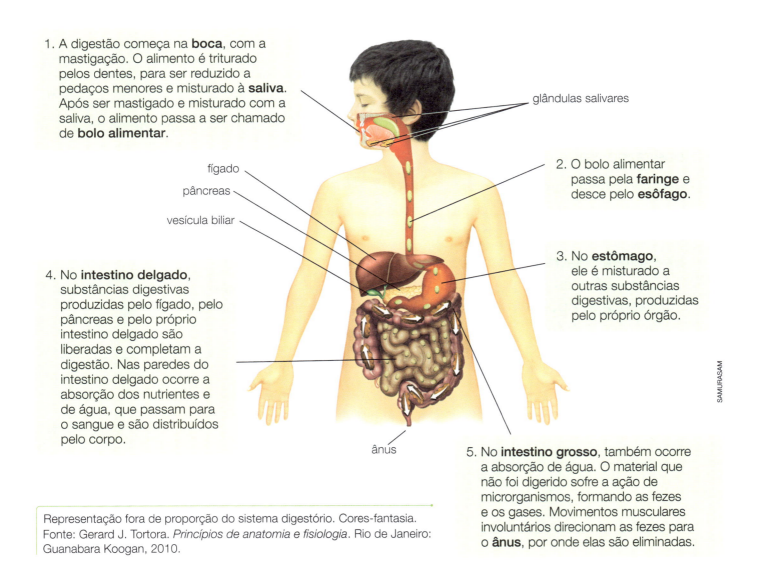

1. A digestão começa na **boca**, com a mastigação. O alimento é triturado pelos dentes, para ser reduzido a pedaços menores e misturado à **saliva**. Após ser mastigado e misturado com a saliva, o alimento passa a ser chamado de **bolo alimentar**.

2. O bolo alimentar passa pela **faringe** e desce pelo **esôfago**.

3. No **estômago**, ele é misturado a outras substâncias digestivas, produzidas pelo próprio órgão.

4. No **intestino delgado**, substâncias digestivas produzidas pelo fígado, pelo pâncreas e pelo próprio intestino delgado são liberadas e completam a digestão. Nas paredes do intestino delgado ocorre a absorção dos nutrientes e de água, que passam para o sangue e são distribuídos pelo corpo.

5. No **intestino grosso**, também ocorre a absorção de água. O material que não foi digerido sofre a ação de microrganismos, formando as fezes e os gases. Movimentos musculares involuntários direcionam as fezes para o **ânus**, por onde elas são eliminadas.

Representação fora de proporção do sistema digestório. Cores-fantasia.
Fonte: Gerard J. Tortora. *Princípios de anatomia e fisiologia*. Rio de Janeiro: Guanabara Koogan, 2010.

As **glândulas salivares**, o **fígado**, a **vesícula biliar** e o **pâncreas** são órgãos que produzem substâncias que participam da digestão dos alimentos.

1 Complete as frases com as palavras do quadro. Depois, numere as frases na sequência correta das etapas da digestão.

Atividade interativa
Alimentação e corpo humano

| dentes | faringe | ânus | boca | saliva |
| intestino grosso | esôfago | intestino delgado | estômago |

☐ Do esôfago o alimento é empurrado até o _____, onde é misturado a substâncias digestivas.

☐ Os alimentos entram no corpo pela _____.

☐ No _____, o material que não foi digerido forma as fezes, que são eliminadas pelo _____.

☐ No _____, ocorre a ação de outras substâncias digestivas e a absorção de nutrientes e de água.

☐ O bolo alimentar passa pela _____ e pelo _____.

☐ Os _____ trituram os alimentos, que são misturados à _____.

2 Júlia realizou um experimento. Pegou dois comprimidos efervescentes. Um dos comprimidos ela triturou, o outro ela manteve inteiro. Colocou os comprimidos em copos diferentes e acrescentou água.

a) Em sua opinião, qual comprimido foi dissolvido primeiro? Por quê?

_____
_____

b) Qual etapa do experimento pode ser comparada à mastigação?

_____

c) O que se pode concluir com esse experimento sobre o papel da mastigação na digestão?

_____
_____

3 Os intestinos são longos e enovelados. Essas características são importantes para a função que eles desempenham? Por quê?

O sistema respiratório

O **gás oxigênio** presente no ar é fundamental para a sobrevivência dos seres humanos. Ele é necessário para transformar as substâncias fornecidas pelos alimentos em energia para o corpo. Além de produzir energia, esse processo também gera **gás carbônico**. Essa transformação que ocorre no interior do corpo recebe o nome de **respiração**.

O gás oxigênio do ar entra no corpo por meio do **nariz** e passa para a **faringe**, a **laringe** e a **traqueia**, que se liga aos **brônquios**. Por meio dos brônquios, o ar chega a cada um dos **pulmões**. Todos esses órgãos formam o **sistema respiratório**. Nos pulmões, existem milhões de **alvéolos**, que são pequenas estruturas onde ocorre a troca dos gases: o gás oxigênio passa dos alvéolos para o sangue, e o gás carbônico passa do sangue para os alvéolos.

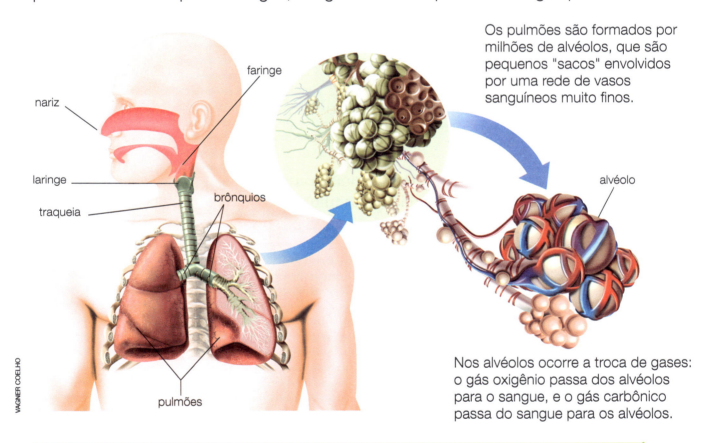

Os pulmões são formados por milhões de alvéolos, que são pequenos "sacos" envolvidos por uma rede de vasos sanguíneos muito finos.

Nos alvéolos ocorre a troca de gases: o gás oxigênio passa dos alvéolos para o sangue, e o gás carbônico passa do sangue para os alvéolos.

Representação fora de proporção do sistema respiratório. O pulmão esquerdo é mostrado em corte. Cores-fantasia.
Fonte: Gerard J. Tortora. *Princípios de anatomia e fisiologia*. Rio de Janeiro: Guanabara Koogan, 2010.

Para que o corpo consiga aproveitar a energia dos nutrientes absorvidos durante a digestão, ele precisa de gás oxigênio. Esse gás é captado pelos pulmões, passa para o sangue e é distribuído para todas as células do corpo. É no interior das células que os nutrientes vão ser transformados em energia, utilizada para funções vitais das células.

Movimentos respiratórios

A entrada e a saída de ar no corpo acontecem por meio dos movimentos respiratórios, que ocorrem a partir da contração e do relaxamento do **diafragma**, músculo localizado abaixo dos pulmões.

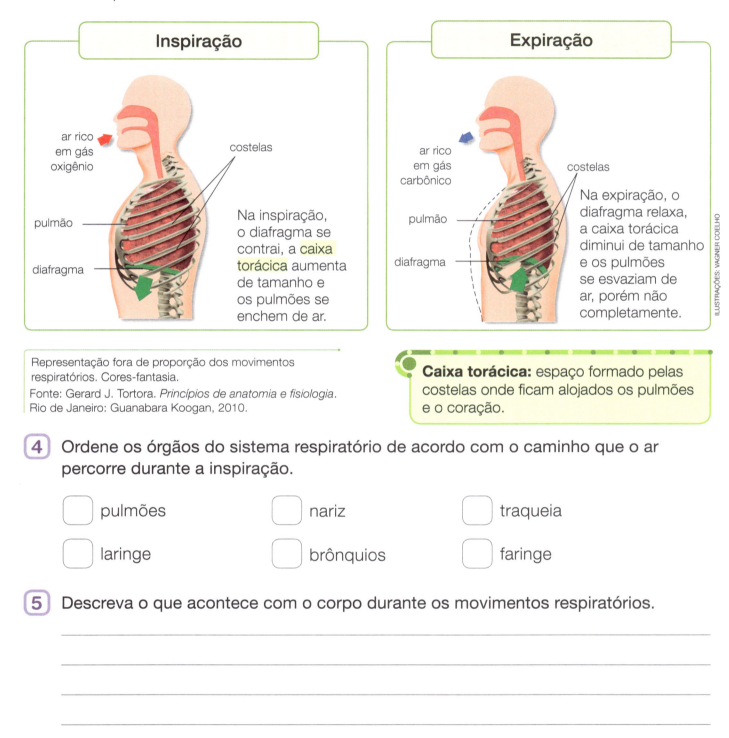

Representação fora de proporção dos movimentos respiratórios. Cores-fantasia.
Fonte: Gerard J. Tortora. *Princípios de anatomia e fisiologia*. Rio de Janeiro: Guanabara Koogan, 2010.

Caixa torácica: espaço formado pelas costelas onde ficam alojados os pulmões e o coração.

4 Ordene os órgãos do sistema respiratório de acordo com o caminho que o ar percorre durante a inspiração.

☐ pulmões ☐ nariz ☐ traqueia

☐ laringe ☐ brônquios ☐ faringe

5 Descreva o que acontece com o corpo durante os movimentos respiratórios.

_____
_____
_____

6 A afirmação a seguir é falsa ou verdadeira? Discuta com os colegas e o professor.
• Trabalhando de forma integrada, os sistemas digestório e respiratório são responsáveis pelo processo de nutrição do corpo.

O sistema circulatório

Por meio da alimentação e da respiração, nutrientes e gás oxigênio são absorvidos pelo corpo.

O **sangue** transporta nutrientes e gás oxigênio para todas as partes do corpo. Os órgãos envolvidos na circulação do sangue são o **coração** e os **vasos sanguíneos**. Eles formam o **sistema circulatório**.

O coração

O coração é um órgão formado por músculos e se localiza no meio do peito, levemente posicionado para o lado esquerdo. Ele contrai e relaxa involuntariamente, bombeando o sangue e fazendo-o chegar a todas as partes do corpo.

Os vasos sanguíneos

O sangue circula pelo interior dos vasos sanguíneos. Existem três tipos de vasos sanguíneos: artérias, capilares e veias.

Pelas **artérias**, o sangue sai do coração para todas as partes do corpo. Elas se ramificam muitas vezes até formar vasos sanguíneos muito finos, chamados **capilares**.

Por meio dos capilares, nutrientes e gás oxigênio chegam a todas as partes do corpo. Esses vasos também recolhem gás carbônico e outras substâncias que devem ser eliminadas do corpo. Os vasos que envolvem os alvéolos são capilares, eles também permeiam músculos e intestinos, por exemplo, e ligam as veias e as artérias.

Pelas **veias**, o sangue volta de todas as partes do corpo para o coração.

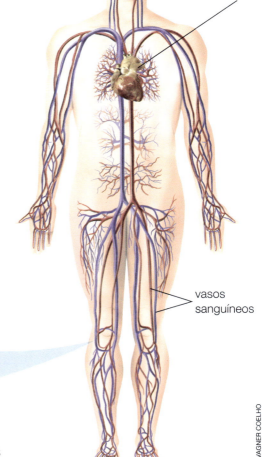

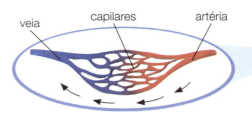

Os vasos sanguíneos em vermelho representam as artérias, e os vasos em azul, as veias. As setas indicam a direção do fluxo sanguíneo.

Representação fora de proporção do sistema circulatório. Cores-fantasia.
Fonte: Gerard J. Tortora. *Princípios de anatomia e fisiologia*. Rio de Janeiro: Guanabara Koogan, 2010.

7 O sangue transporta duas substâncias relacionadas ao sistema respiratório. Quais são elas?

_____

8 Por que é importante que os vasos sanguíneos estejam espalhados por todas as partes do corpo?

_____

_____

9 Leia o texto e responda à questão.

> Durante os 70 anos que dura em média uma vida, o coração bate mais de 2,5 bilhões de vezes, a um ritmo médio de 70 pulsações por minuto, e bombeia 224 milhões de litros de sangue para o corpo de um homem e mais de 295 milhões para o de uma mulher [...].
>
> *Superinteressante*. Bate, bate, coração. Disponível em: <http://mod.lk/batcore>. Acesso em: 29 jun. 2018.

- O que acontece se o coração parar de bater?

_____

_____

10 Leia o texto, observe a imagem e responda às questões.

O doador de sangue deve ter entre 16 e 69 anos (menores de 18 anos necessitam de autorização dos responsáveis), pesar mais de 50 quilogramas e estar saudável.

Os componentes do sangue são separados e enviados aos hospitais para que os pacientes recebam o sangue doado. Uma única doação pode ajudar várias pessoas.

Campanha de incentivo à doação de sangue.

a) Quais são os requisitos para ser doador de sangue?

_____

_____

 b) Qual é a importância da doação de sangue? Converse sobre isso com os colegas.

107

O sistema urinário

Em suas atividades, o organismo produz resíduos que não são necessários ao corpo. Se esses resíduos se acumularem no corpo, poderão tornar-se prejudiciais para a saúde, por isso eles são eliminados. O processo pelo qual o corpo elimina substâncias é chamado de **excreção**.

O sangue recolhe os resíduos produzidos no corpo e os transporta para órgãos específicos que atuam na separação e na eliminação de substâncias dissolvidas no sangue. Esses órgãos formam o **sistema urinário**, composto de **rins**, **ureteres**, **bexiga urinária** e **uretra**.

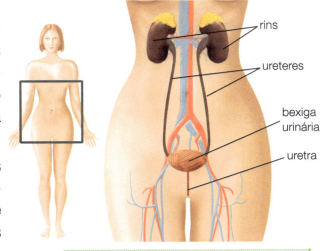

Representação fora de proporção do sistema urinário feminino. Cores-fantasia.

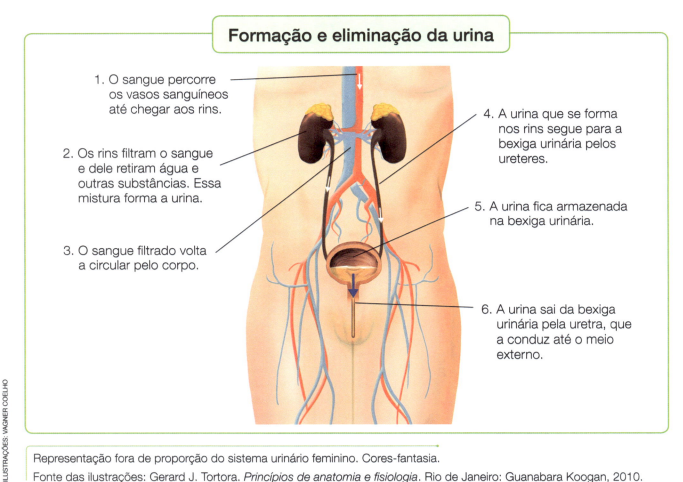

Formação e eliminação da urina

1. O sangue percorre os vasos sanguíneos até chegar aos rins.
2. Os rins filtram o sangue e dele retiram água e outras substâncias. Essa mistura forma a urina.
3. O sangue filtrado volta a circular pelo corpo.
4. A urina que se forma nos rins segue para a bexiga urinária pelos ureteres.
5. A urina fica armazenada na bexiga urinária.
6. A urina sai da bexiga urinária pela uretra, que a conduz até o meio externo.

Representação fora de proporção do sistema urinário feminino. Cores-fantasia.
Fonte das ilustrações: Gerard J. Tortora. *Princípios de anatomia e fisiologia*. Rio de Janeiro: Guanabara Koogan, 2010.

11 Qual é a relação entre o funcionamento do sistema circulatório e a eliminação de resíduos?

_____

_____

Jogo
Sistemas respiratório, circulatório e urinário

12 Qual(is) órgão(s) corresponde(m) às funções descritas a seguir?

a) Canais que conduzem a urina dos rins até a bexiga urinária. _____

b) Órgãos que retiram água e outras substâncias do sangue. _____

c) Órgão no qual a urina fica armazenada por algum tempo. _____

d) Canal que conduz a urina até o meio externo. _____

13 Observe o esquema do sistema urinário feminino da página anterior.

a) Além dos órgãos do sistema urinário o que mais é possível observar nesse esquema?

_____

b) Justifique a relação entre o funcionamento do sistema circulatório, a distribuição dos nutrientes pelo corpo e o sistema urinário.

_____

_____

_____

A água no corpo humano

Nosso corpo é composto de cerca de 60% de água. Além de filtrar o sangue, outra função dos rins é controlar a quantidade de água no corpo. Para manter a saúde, é importante equilibrar a quantidade de água perdida e a ingerida ao longo do dia. A tabela a seguir mostra as vias de eliminação de água.

Perda de água diária em um adulto de 70 kg		
Por onde se perde água	Repouso	Atividade física prolongada
Transpiração	700 mL	1.000 mL
Suor	100 mL	5.000 mL
Fezes	100 mL	100 mL
Urina	1.400 mL	500 mL
Total	2.300 mL	6.600 mL

Fonte: adaptado de John E. Hall; Arthur C. Guyton. *Tratado de fisiologia médica*. Rio de Janeiro: Elsevier, 2011.

14 Você consegue pensar em uma razão que explique por que o volume de urina eliminado após atividade física prolongada é menor que o volume eliminado em repouso?

_____

_____

_____

Álbum de ciências
Curiosidades incríveis e nojentas do corpo humano

Um espirro pode chegar à velocidade de 150 quilômetros por hora.
O espirro é uma defesa do organismo para eliminar sujeira e microrganismos que entram no nariz. No espirro, o ar sai pelo nariz e pela boca de uma vez, e leva consigo o que encontrar no caminho. Por isso, às vezes, meleca e saliva saem com o espirro.

Temos cerca de 97 mil quilômetros de vasos sanguíneos.
O interior do nosso corpo é percorrido por inúmeros tubos estreitos por onde o sangue circula. Se enfileirássemos todos esses tubos, eles seriam o suficiente para dar mais de duas voltas ao redor da Terra.

A "meleca" de nariz é uma proteção.
A pele do interior do nariz produz muco, uma espécie de líquido grudento que se espalha nos pelos que estão dentro do nariz. Os pelos e a pele ficam grudentos e criam uma verdadeira barreira contra poeira e microrganismos que vêm pelo ar que respiramos. Eles grudam no muco e formam a "meleca" de nariz.

Um adulto faz de um a dois litros de xixi por dia.
Xixi é como a maioria das pessoas chama a urina. Esse líquido amarelado que sai do nosso corpo é feito basicamente de água. Mas ele também contém uma porção de outras substâncias que precisam ser eliminadas do corpo.

Em um dia de atividade física intensa, uma pessoa pode eliminar até cinco litros de suor.
O suor é feito basicamente de água. Ele é produzido pela pele para resfriar o corpo quando ele se aquece por conta de uma atividade física ou porque o ambiente está muito quente.

111

CAPÍTULO 3
Coordenação do corpo

O **sistema nervoso** é responsável pelo pensamento e pela coordenação de diversas funções do corpo, tanto das que dependem da nossa vontade, chamadas **voluntárias**, como das que não dependem, denominadas **involuntárias**. Por meio dele, também é possível interpretar estímulos do ambiente, e conseguimos enxergar, ouvir, ter sensações de frio e calor, entre outros.

O sistema nervoso é formado pela **medula espinal**, pelos **nervos** e pelo **encéfalo**.

- A **medula espinal** fica alojada dentro da coluna vertebral. Ela conduz as informações dos órgãos até o encéfalo e do encéfalo até os órgãos.

- Os **nervos** são fibras longas que chegam a todas as partes do corpo, como os órgãos internos, os músculos e a pele. Os nervos se comunicam com o encéfalo e com a medula espinal e transmitem informações para todo o corpo.

- O **encéfalo** localiza-se na cabeça e é protegido pelos ossos do crânio. Ele é o principal centro de controle do que acontece no corpo. É formado por três partes principais: **cérebro**, **cerebelo** e **tronco encefálico**. As ações do corpo são controladas por diferentes partes do encéfalo.

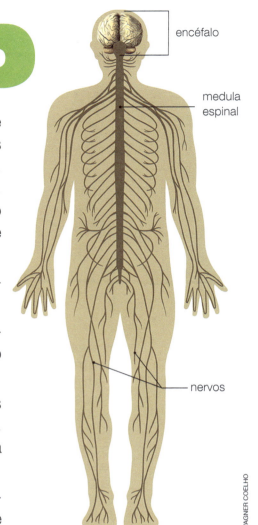

Representação fora de proporção do sistema nervoso do ser humano. Cores-fantasia.

Funções do encéfalo

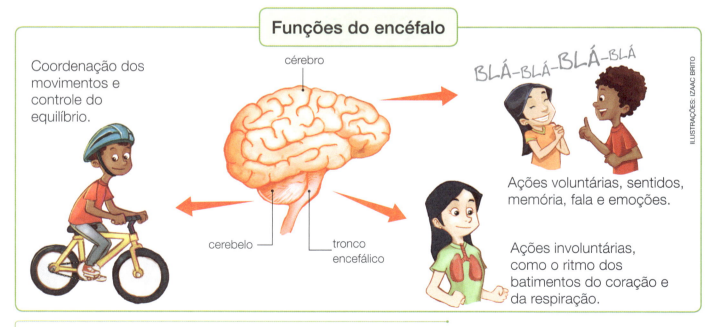

Coordenação dos movimentos e controle do equilíbrio.

Ações voluntárias, sentidos, memória, fala e emoções.

Ações involuntárias, como o ritmo dos batimentos do coração e da respiração.

Os elementos da imagem estão representados fora de proporção. Cores-fantasia.

112

1 Que estruturas do sistema nervoso estão em contato direto com outros órgãos? Que relação isso tem com sua função?

_____

_____

_____

2 Joca é um artista de circo. Para fazer seu espetáculo, ele se equilibra em um monociclo. Com base nessas informações, responda às questões abaixo.

a) Que parte do encéfalo controla a coordenação e o equilíbrio do artista de circo?

_____

b) Que parte controla os movimentos involuntários? Dê um exemplo de um desses movimentos.

_____

_____

_____

Recupere as informações que foram apresentadas sobre o sistema nervoso para **aplicar** em uma nova situação.

FABIO EIJI SIRASUMA

Multimídia
Sistema nervoso

3 Associe cada parte do encéfalo à sua função.

Cérebro		Responsável pela coordenação dos movimentos e pela manutenção do equilíbrio.
Tronco encefálico		Responsável pelas ações involuntárias, como respirar.
Cerebelo		Responsável pelas respostas voluntárias.

113

As sensações

Os órgãos dos sentidos, como os olhos, as orelhas, a língua, a pele e o nariz, captam as informações do meio externo, chamadas **estímulos**. Os estímulos produzem sinais, chamados **impulsos nervosos**, que são transmitidos através dos nervos.

Esses estímulos que chegam ao cérebro pelos nervos contêm informações sobre o ambiente, que são interpretadas na forma de **sensações**. As sensações dos sabores, dos odores, dos tipos de som, do liso e do áspero, da temperatura, da dor, da coceira, das cócegas e das imagens são o resultado da interpretação que o cérebro faz dessas informações.

É a percepção dos estímulos captados pelo órgão dos sentidos e a interpretação dos impulsos nervosos pelo cérebro que fazem com que, por exemplo, a gente perceba que uma coceira é por causa de uma picada na ponta do nariz ou no dedão do pé. E, com isso, possa ter uma reação, como coçar o local correto.

Os sentidos são estimulados ao mesmo tempo, e temos uma percepção integrada do ambiente.

Dependendo da situação, determinados sentidos são mais estimulados.

Coordenação nervosa

O sistema nervoso lida com uma grande quantidade de impulsos nervosos, produzidos por estímulos externos e internos. A forma como esse sistema recebe, interpreta e responde aos estímulos é chamada **coordenação nervosa**.

Impulsos gerados nas diferentes partes do corpo são transmitidos pelos nervos e chegam à medula espinal, que os leva até o encéfalo. Esse órgão recebe e interpreta os impulsos e, em seguida, elabora uma resposta adequada. As respostas, por sua vez, são transmitidas aos órgãos como novos impulsos nervosos pela medula e pelos nervos.

Veja um exemplo de como ocorre a coordenação nervosa.

Cláudia chega da escola com o estômago vazio, vê o almoço e sente o cheiro de comida. Esses estímulos geram **impulsos nervosos**, que são enviados ao encéfalo.

No encéfalo, os impulsos nervosos recebidos são **interpretados** como sensação de fome e desejo pelo alimento que será servido.

A **resposta** do sistema nervoso para esses estímulos é transmitida aos nervos e chega aos órgãos executores da ação de comer.

Reflexo

Reflexo é um tipo de movimento involuntário que costuma ser rápido: nós o realizamos antes mesmo de pensarmos nele.

No ato reflexo, a própria medula espinal integra as informações e transmite uma resposta aos nervos ligados aos músculos. Os impulsos nervosos não chegam ao encéfalo; assim, o caminho dos impulsos é encurtado para a ação ser mais rápida.

Um exemplo de reflexo é imediatamente afastarmos a mão se a encostarmos em um objeto quente.

4 Responda com base no exemplo de Cláudia, apresentado no esquema da página anterior.

a) De que forma os impulsos nervosos chegam ao encéfalo e saem dele?

b) No exemplo descrito, quais órgãos emitiram impulsos nervosos?

c) Identifique uma resposta voluntária e uma resposta involuntária elaboradas pelo encéfalo.

5 Leia o parágrafo abaixo e responda.

> Uma lesão na medula espinal pode trazer sérias consequências, como a paralisia dos membros.

- Discuta com um colega por que uma lesão na medula pode causar paralisia. Descreva o que aconteceria com a informação transmitida pelos nervos.

Mudanças no corpo

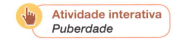

A **puberdade** é o período no qual ocorrem as principais mudanças físicas no corpo de meninas e meninos. Geralmente, a puberdade se inicia por volta dos 10 anos para as meninas e dos 12 anos para os meninos. O começo dessa fase pode variar, mas todos passarão por ela. A puberdade se encerra entre os 18 e os 20 anos, com o término do crescimento corporal.

As mudanças que ocorrem em meninas e meninos na puberdade os tornam mulheres e homens aptos para a **reprodução**, ou seja, eles podem gerar filhos.

Todas as mudanças corporais que ocorrem durante a puberdade são desencadeadas por hormônios sexuais. Nessa fase, eles acentuam as diferenças entre homens e mulheres e regulam a função reprodutiva. O **sistema endócrino**, em conjunto com o sistema nervoso, coordena e regula a produção dos hormônios sexuais em diferentes locais do corpo.

> **Hormônios:** substâncias produzidas pelo próprio organismo que atuam na regulação de alguns órgãos e funções do corpo.

Adolescência

A puberdade marca o início da **adolescência**, período de grande desenvolvimento físico, mental, emocional e social. Nessa etapa, os adolescentes buscam sua própria identidade, começam a ter novas responsabilidades e mais independência.

Apesar de haver semelhanças entre os adolescentes, eles apresentam comportamentos, gostos e atitudes diferentes, dependendo da época em que nasceram, das experiências que tiveram e das relações que estabeleceram com outras pessoas.

Durante a adolescência, meninas e meninos passam por muitas transformações.

1. Imagine a seguinte situação: Marina tem 12 anos e seu corpo mostra as primeiras mudanças próprias da puberdade. Estela tem 13 anos e Ígor tem 14, mas eles ainda não entraram nessa fase.

   a) Você acha que Estela e Ígor devem se preocupar com esse fato? Justifique sua resposta.

   _____
   _____
   _____

   b) Agora que você já sabe mais sobre a puberdade, o que você poderia dizer a esses adolescentes em relação ao início dessa fase?

   _____
   _____
   _____
   _____

2. Quais são as principais mudanças desencadeadas pelos hormônios sexuais durante a puberdade?

   _____
   _____
   _____

3. Você já ouviu falar em *bullying*? Leia o texto abaixo.

   > *Bullying:* palavra de origem inglesa, usada para descrever situações em que uma pessoa, sozinha ou em grupo, constantemente ofende, ameaça ou humilha alguém. Esse tipo de comportamento gera muito sofrimento às vítimas.

   a) Formem grupos e conversem sobre o tema. Cada um deve falar se já vivenciou ou presenciou alguma situação constrangedora que possa ser considerada *bullying*.

   b) Escreva, no caderno, uma mensagem a um amigo contando sobre uma situação de *bullying* que você viveu ou presenciou. Nessa carta, descreva o que aconteceu e como você se sentiu.

   > **Ouça seus colegas** e tente se colocar no lugar da pessoa que sofreu *bullying*. Tente imaginar como ela deve ter se sentido. Seja solidário, não pratique nem permita que outros pratiquem ou mesmo participem de qualquer tipo de *bullying*.

MUDANÇAS POR FORA, MUDANÇAS POR DENTRO
DURANTE A PUBERDADE, O CORPO PASSA POR GRANDES TRANSFORMAÇÕES.

A PELE FICA MAIS OLEOSA
A grande produção de hormônios faz com que apareçam espinhas.

PRODUÇÃO DE HORMÔNIOS NO ENCÉFALO
A glândula hipófise produz hormônios responsáveis pelas mudanças no corpo da mulher e pela menstruação.

PELOS
Nas axilas e na região pubiana, os pelos ficam mais grossos.

AS MAMAS COMEÇAM A SE DESENVOLVER
Durante o crescimento, é comum as mamas ficarem doloridas.

OCORRE A PRIMEIRA MENSTRUAÇÃO
Os ovários produzem hormônios que causam as mudanças e também preparam a menina para a menstruação.

OS QUADRIS SE ALARGAM E FICAM ARREDONDADOS
A pelve feminina é mais alargada do que a masculina para poder abrigar o feto durante a gravidez.

SISTEMA GENITAL FEMININO

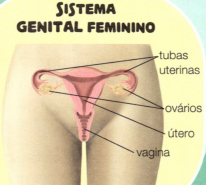

- tubas uterinas
- ovários
- útero
- vagina

A vagina e o útero estão representados em corte, em vista frontal. Cores-fantasia.

DANIEL KLEIN

ÓRGÃOS SEXUAIS FEMININOS E MASCULINOS
Os órgãos sexuais compõem o sistema genital e são responsáveis pela reprodução. Os esquemas destas páginas ilustram os órgãos que compõem os sistemas genitais feminino e masculino.

118

PRODUÇÃO DE HORMÔNIOS NO ENCÉFALO
A hipófise produz hormônios responsáveis pelas mudanças no corpo do homem.

SURGEM PELOS
No rosto, além das espinhas provocadas pelo excesso de oleosidade, começam a surgir pelos.

MUDA O TIMBRE DE VOZ
A voz fica mais grave.

O CORPO FICA MAIS FORTE
Aumenta a massa muscular e os ossos dos ombros e da mandíbula crescem mais que os das mulheres.

OS TESTÍCULOS SE DESENVOLVEM
Os hormônios sexuais são produzidos pelos testículos e dão início à produção de espermatozoides.

MAIS PELOS
Os pelos do corpo ficam mais numerosos e grossos.

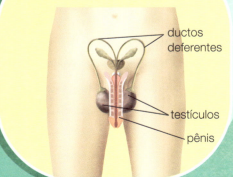

SISTEMA GENITAL MASCULINO
- ductos deferentes
- testículos
- pênis

O pênis está representado em corte, em vista frontal. Cores-fantasia.

EM SUA OPINIÃO, ALÉM DAS DIFERENÇAS FÍSICAS E SEXUAIS, MENINOS E MENINAS APRESENTAM OUTRAS DIFERENÇAS? DISCUTA COM SEUS COLEGAS.

Fonte: Adaptado de Frank H. Netter; Roger P. Smith e Paul J. Turek. *Sistema reprodutor*. Rio de Janeiro: Elsevier, 2015. v. 1.

Fecundação

A reprodução nos seres humanos depende da união das células reprodutivas masculinas e femininas, processo chamado de **fecundação**.

Os **espermatozoides** são células reprodutivas masculinas, pequenas e móveis, produzidas em grande quantidade nos **testículos**. Depois de sair dos testículos, os espermatozoides percorrem os ductos deferentes e se misturam a substâncias produzidas pelo sistema genital masculino, formando o **sêmen** ou **esperma**. O sêmen chega à uretra e sai do corpo pelo pênis.

Nas mulheres, a célula reprodutiva é o **óvulo**, uma célula bem maior que o espermatozoide e imóvel, produzida pelos **ovários**. Os óvulos se formam enquanto a menina ainda está na barriga da mãe, mas é na puberdade que os ovários começam a liberar os óvulos. Em média, um óvulo é liberado a cada 28 dias, aproximadamente.

Aumento de 5.400 vezes.

Imagem feita com microscópio eletrônico e colorida artificialmente. Ela mostra vários espermatozoides (em azul) ao redor de um óvulo.

Há milhões de espermatozoides no sêmen, mas somente um fecundará o óvulo.

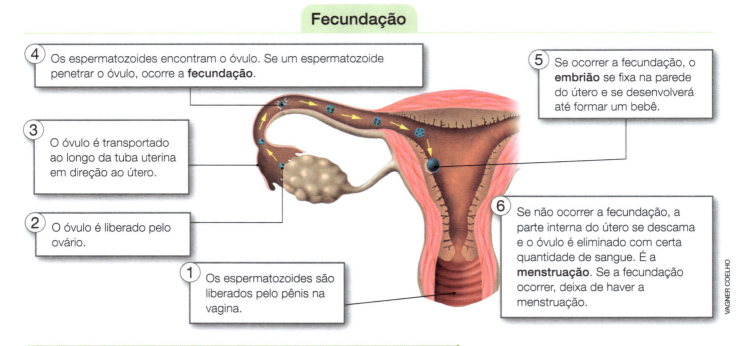

Fecundação

1. Os espermatozoides são liberados pelo pênis na vagina.
2. O óvulo é liberado pelo ovário.
3. O óvulo é transportado ao longo da tuba uterina em direção ao útero.
4. Os espermatozoides encontram o óvulo. Se um espermatozoide penetrar o óvulo, ocorre a **fecundação**.
5. Se ocorrer a fecundação, o **embrião** se fixa na parede do útero e se desenvolverá até formar um bebê.
6. Se não ocorrer a fecundação, a parte interna do útero se descama e o óvulo é eliminado com certa quantidade de sangue. É a **menstruação**. Se a fecundação ocorrer, deixa de haver a menstruação.

Os elementos da imagem estão representados fora de proporção. Cores-fantasia.
Fonte: Gerard J. Tortora e Bryan Derrickson. *Corpo humano*: fundamentos de anatomia e fisiologia. Porto Alegre: Artmed, 2017.

4 O que acontece na fecundação?

_____

_____

 120

Gestação e nascimento

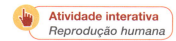

O período em que o bebê se desenvolve dentro do útero da mãe é chamado de **gestação**. Em seres humanos, esse período é de aproximadamente nove meses.

No útero, o **feto** se desenvolve dentro da **bolsa amniótica**, que contém um líquido que protege o feto.

O **cordão umbilical** conecta o feto a uma estrutura que fica aderida ao útero da mãe, chamada **placenta**. É através da placenta que ocorre a troca de nutrientes e gás oxigênio entre a mãe e o feto, por meio dos vasos sanguíneos do cordão umbilical. Além disso, o cordão umbilical devolve à placenta os resíduos produzidos pelo feto, que serão eliminados pelo corpo da mãe.

Após cerca de nove meses de gestação, o bebê está pronto para nascer. A saída do bebê do útero da mãe é chamada de **parto**. Durante o parto, o útero sofre contrações e o bebê é "empurrado" para fora do útero e sai pela vagina da mãe.

Quando o bebê nasce, o cordão umbilical é cortado. O **umbigo** é a cicatriz do cordão umbilical.

Ao nascer, o recém-nascido começa a respirar sozinho e deve ser amamentado; é recomendado que o leite materno seja o único alimento até os seis meses de idade.

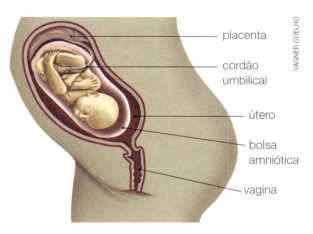

Esquema representando o útero em corte e o bebê em seu interior. Cores-fantasia.

5 Ligue cada palavra à sua definição correta.

- vagina
- cordão umbilical
- útero
- placenta
- bolsa amniótica

- Abriga o feto durante a gravidez.
- Bolsa cheia de líquido onde fica o feto.
- Entrada do sistema genital feminino.
- Transporta substâncias do corpo da mãe ao feto.
- Protege o feto e possibilita a troca de nutrientes.

121

O que você aprendeu

1 Complete as lacunas dos textos com as palavras do quadro.

> minerais   saudável   digestão   nutrientes
> sistema digestório   vitaminas   energia

Eu adoro banana! Além de ser muito gostosa, ela me dá _____ para brincar

e contém _____

como as _____

e os _____, que ajudam a me manter _____.

Para aproveitar os nutrientes da banana, meu _____

_____ precisa transformar esse alimento por meio da _____.

2 Leia o texto e responda às questões.

> Marina anda de bicicleta todos os dias com seus amigos. Já Clara, sua irmã gêmea, prefere ficar em casa assistindo à televisão.

a) As duas meninas têm a mesma necessidade energética, ou seja, precisam da mesma quantidade de calorias por dia? Justifique.

_____
_____

b) Como é possível aumentar ou diminuir a ingestão de calorias e continuar com um cardápio equilibrado?

_____
_____

3 O processo de nutrição consome energia? De onde vem a energia de que precisamos para o nosso corpo funcionar?

_____
_____

4 Leia o texto, observe a imagem e responda.

Giuseppe Arcimboldo foi um pintor italiano que viveu entre 1527 e 1593. Suas obras principais incluem a série "As quatro estações", nas quais usou imagens da natureza, como frutas, verduras e legumes, para compor fisionomias humanas.

Vertumnus, de 1591, óleo sobre painel.

a) Quais alimentos você consegue identificar na obra de arte?

_____

_____

_____

b) Os alimentos da imagem podem ser considerados saudáveis? Por quê?

_____

_____

5 Leia a notícia a seguir e discuta as questões com os colegas.

> Nos últimos anos, a obesidade infantil se tornou problema de saúde pública e motivou o governo e o legislativo a proporem iniciativas para levar mais informação à população, promover parcerias com escolas públicas e privadas e educar as crianças sobre a importância de uma alimentação saudável e exercícios físicos.
>
> [...] A influência do ambiente em que a criança está inserida e os hábitos da vida contemporânea têm papel preponderante.
>
> Agência Câmara de Notícias. *Governo e legislativo reúnem esforços para combater obesidade nas crianças*. 24 mar. 2014. Disponível em: <http://mod.lk/govleg>. Acesso em: 5 jul. 2018.

Preponderante: importante.

a) Além da alimentação saudável, o texto menciona outro fator importante para combater a obesidade. Que fator é esse? Por que ele é importante?

_____

_____

b) Avalie os hábitos e a rotina na escola. Com o professor, façam uma lista do que poderia melhorar para que todos tenham uma vida mais saudável.

O QUE VOCÊ APRENDEU

6 Em que estrutura do sistema respiratório o gás oxigênio passa do ar para o interior do corpo?

_____

- Como o oxigênio vai da estrutura em que é captado para todas as células do corpo?

_____

_____

7 Observe os esquemas. Depois, responda às questões.

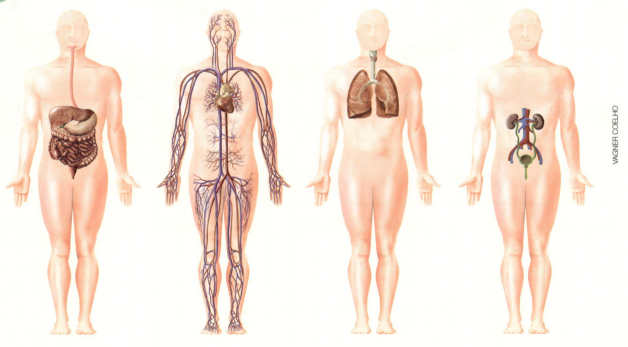

Fonte: Adaptado de Gerard J. Tortora. *Princípios de anatomia e fisiologia*. Rio de Janeiro: Guanabara Koogan, 2010.

- Em nosso corpo os sistemas e os órgãos trabalham de forma integrada. Explique de que maneira os seguintes processos são integrados.

a) Digestão, respiração e circulação do sangue.

_____

_____

_____

b) Digestão, circulação do sangue e excreção.

_____

_____

_____

8 Classifique cada afirmação em verdadeira V ou falsa F.

☐ Os órgãos dos sentidos percebem os estímulos do meio externo e transmitem impulsos nervosos ao encéfalo.

☐ Os estímulos gerados pelo nosso corpo não são transformados em impulsos nervosos.

☐ Os nervos levam ao encéfalo ou à medula espinal a informação captada pelos órgãos dos sentidos.

☐ O cérebro interpreta os impulsos nervosos enviados pelos órgãos dos sentidos e forma uma sensação.

9 Nos quadros a seguir estão o nome de duas estruturas. Escreva uma frase explicando a relação entre elas e a qual sistema genital se referem.

a) testículos   espermatozoides

_____
_____
_____

b) ovários   óvulos

_____
_____
_____

10 Leia a tirinha e converse com seus colegas a respeito das questões a seguir.

a) Que cuidados é preciso ter com um bebê?

b) A partir da puberdade, uma menina e um menino já são capazes de se reproduzir. Você acha que os adolescentes estão realmente preparados para ser pais?

ZOÉ & ZEZÉ — Rick Kirckman & Jerry Scott

125

UNIDADE 4

O céu à noite

O observatório astronômico La Silla está situado próximo ao deserto do Atacama, no Chile. Livre de poluição luminosa, e a mais de 2.400 metros de altitude, está em uma região classificada como o céu noturno mais escuro do planeta, ideal para a observação dos astros.

Vamos conversar

1. Que elementos você consegue reconhecer no céu retratado na imagem?

2. Dentro do observatório mostrado na imagem, existe um grande telescópio. Para que você acha que ele é usado?

3. Você consegue enxergar algum desenho unindo os pontos luminosos observados no céu? Qual?

Investigar o assunto

Pontos luminosos

Civilizações antigas determinavam o lugar em que estavam e a época do ano com base na posição das estrelas e dos planetas no céu. Como isso é possível?

O primeiro passo é aprender a observar com atenção o céu noturno. Fazendo isso, percebemos que algumas estrelas brilham mais do que outras. Podemos perceber também que alguns pontos parecem cintilar, enquanto outros parecem ter um brilho constante.

> **Cintilar:** brilhar com reflexos que parecem tremer, piscar.

O que você vai fazer

Observar o céu à noite em dois momentos e registrar o que você vê.

Como você vai fazer

1. Escolha uma noite sem nuvens e sem Lua para realizar esta atividade.

2. É importante que o local escolhido para fazer a observação tenha pouca ou nenhuma iluminação, pois o brilho das lâmpadas atrapalha a visualização do céu. Você pode fazer em casa, se possível, ou pedir a um de seus responsáveis que o acompanhe até um local seguro de onde seja possível observar o céu. Marque bem esse lugar, porque depois você deverá observar o céu novamente, exatamente do mesmo ponto.

3. Anote a data e a hora em que você começou primeira observação.

4. Na primeira observação, olhe para o céu e veja os pontos luminosos. Na página 129, procure desenhar os pontos na mesma posição em que eles aparecem no céu. Se alguns forem mais brilhantes, represente-os maiores que os outros. Se você encontrar algum ponto com brilho que aparente ser constante, desenhe-o com uma cor diferente.

5. Para a segunda observação, repita o procedimento 90 minutos depois, exatamente do mesmo ponto que você havia observado. Anote o horário e faça o desenho de como está o céu no espaço correspondente.

A escolha de um local com pouca iluminação facilita a observação dos pontos luminosos.

Data e local:	
Primeira observação Hora:	Segunda observação Hora:

Para você responder

1 Quais diferenças você percebeu entre os pontos luminosos que observou?

_____
_____

2 Os pontos com brilho que não cintila são planetas. Você conseguiu observar algum? Se sim, sabe qual planeta é?

_____
_____

3 O que você poderia dizer sobre o movimento aparente das estrelas no céu? Todas se movem na mesma direção?

_____
_____
_____

CAPÍTULO 1. O Universo

Chama-se **Universo** o conjunto de tudo o que existe no espaço. Fazem parte do Universo os astros, ou corpos celestes como as galáxias, as estrelas, os planetas, os satélites, as nebulosas, os asteroides e os cometas. Nós e tudo o que nos rodeia também fazemos parte do Universo.

Ao longo do tempo, muitas teorias surgiram a fim de explicar a origem do Universo. A teoria do *Big Bang* é a mais aceita atualmente. Essa teoria afirma que o Universo teria surgido há cerca de 13 bilhões de anos, a partir da expansão de toda a matéria que o compõe. O Universo está em contínua expansão, ou seja, os astros estão constantemente se afastando.

Cometa 45P visto da Terra, em 2017.

1. Dos corpos celestes que formam o Universo, existe algum que você não conheça? Pesquise e escreva a definição e as características desse(s) astro(s).

_____
_____
_____

2. Observe a pintura e responda.

   a) O que as pessoas representadas na pintura estão fazendo?

   _____
   _____
   _____
   _____

   b) Que corpos celestes estão representados na pintura?

Cometa Halley sobre Roterdã no ano de 1682, óleo sobre painel, de Lieve Verschuier, 1682.

_____
_____

As galáxias

No Universo, existem bilhões de **galáxias**, que são conjuntos de estrelas, planetas, gases, poeira e muitos outros corpos celestes. As galáxias apresentam formas e tamanhos variados. A galáxia onde estão o Sol e o planeta onde vivemos chama-se **Via Láctea**.

Algumas galáxias têm formato espiral.

A galáxia NGC 1566 está muito distante da Terra.

3 Leia o texto e responda às questões.

Um terço da humanidade não enxerga a Via Láctea

Cerca de 83% da população do mundo [...] mora em áreas cercadas pela poluição noturna das incessantes luzes elétricas, afirmam pesquisadores.

Isso faz com que mais de um terço das pessoas do mundo não consiga ver as luzes da Via Láctea.

"É surpreendente como em algumas décadas nós 'envelopamos' a maior parte da humanidade em uma cortina de luz que impede a vista de uma das grandes maravilhas da natureza: o Universo", disse o pesquisador.

Folha de S.Paulo. Um terço da humanidade não enxerga a Via Láctea, dizem pesquisadores. Disponível em: <http://mod.lk/vialacte>. Acesso em: 19 jul. 2018.

a) Que tipo de corpo celeste é a Via Láctea?

___

b) Em sua opinião, de onde vem a luz que torna a Via Láctea visível para nós?

___

___

c) Você acha que uma pessoa que mora em uma grande cidade tem mais possibilidades de ver a Via Láctea do que uma pessoa que mora no campo? Explique.

___

___

___

As **estrelas**, como o Sol, são corpos celestes que produzem luz e calor.

Mesmo podendo ser muito maiores que o Sol, as outras estrelas parecem ser apenas pequenos pontos luminosos. Isso ocorre porque elas estão a enormes distâncias da Terra, tão longe que sua luz pode demorar milhões de anos para chegar até aqui.

As estrelas são chamadas de astros **luminosos**. Os astros que não produzem luz, apenas refletem a luz emitida pelas estrelas, são chamados de astros **iluminados**. É o caso dos planetas e satélites.

À noite é possível enxergar muitos pontos luminosos no céu.

4. Avalie se as afirmações a seguir são falsas ou verdadeiras. Explique cada uma delas.

a) A Via Láctea é a única galáxia que existe no Universo. Nela estão o Sol e o planeta Terra.

_____

_____

b) As estrelas estão próximas da Terra, por isso conseguimos enxergar o seu brilho.

_____

_____

c) Os planetas refletem a luz emitida pelas estrelas.

_____

_____

5. Os observatórios astronômicos são locais apropriados para a observação do céu. Geralmente eles estão instalados em lugares que apresentam pouca poluição luminosa.

- Pesquise informações sobre um observatório astronômico no Brasil. Escreva o nome, a localização e com que finalidade ele foi criado.

_____

_____

_____

Observatório Municipal Jean Nicolini, no município de Campinas, São Paulo, 2012.

O Sistema Solar

O Sistema Solar é formado pelo Sol e por vários astros que giram em torno dele: oito planetas e seus satélites, planetas-anões, asteroides e cometas.

O Sol

O Sol é a única estrela do Sistema Solar. A luz e o calor que ele produz são fundamentais para a manutenção da vida na Terra. O Sol é muito maior do que os planetas do Sistema Solar.

Representação do Sol, de Júpiter (o maior planeta do Sistema Solar) e da Terra, próxima à proporção real. As distâncias não estão em proporção. Cores-fantasia.

Os planetas

Os oito planetas do Sistema Solar podem ser organizados em grupos de acordo com seu tamanho ou sua composição.

Mercúrio, **Vênus**, **Terra** e **Marte** são chamados de **planetas internos**. Eles têm a superfície sólida formada basicamente por rochas e metais e, por isso, são considerados **planetas rochosos**. Esses planetas não possuem anéis.

Júpiter, **Saturno**, **Urano** e **Netuno** são conhecidos como **planetas externos**. Eles são formados de gases e, por isso, são considerados **planetas gasosos**. Esses planetas apresentam anéis, geralmente formados por poeira e pedaços de rocha e gelo. Saturno tem os anéis mais visíveis.

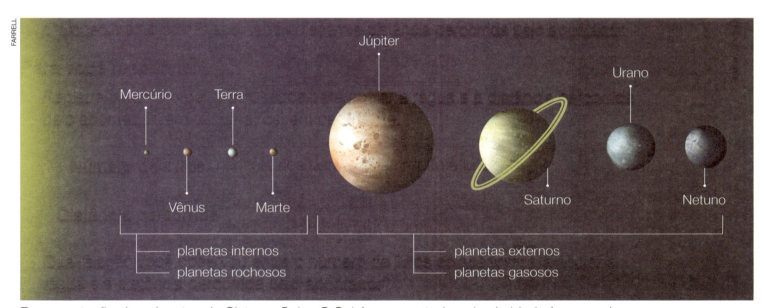

Representação dos planetas do Sistema Solar. O Sol é representado pela claridade à esquerda. O tamanho dos planetas está representado próximo à proporção real. As distâncias não estão em proporção. Cores-fantasia.

CAPÍTULO 2

As constelações

Diferentes civilizações do passado já observavam as estrelas e imaginavam figuras formadas por elas, como em uma brincadeira de ligar pontos. Cada povo observava o céu e criava suas próprias figuras, chamadas **constelações**.

Ao estudar o céu, foi possível perceber que, com o passar dos meses, mudam as primeiras estrelas que surgem no horizonte ao anoitecer. Com base nas primeiras noites em que cada constelação surge no horizonte, no sentido leste, é possível definir a época do ano. Assim, os povos antigos conseguiram identificar os melhores períodos de caça, a época de plantar e a de colher, quando ocorriam as cheias e as secas e o tempo de pescar, por exemplo.

No hemisfério sul, a constelação que marca o inverno é a de Escorpião, que surge no horizonte no anoitecer na segunda quinzena de junho.
(A) Representação do céu visto do município de Campos do Jordão, São Paulo, em 21 de junho de 2018, às 17h51.
No verão, a constelação que surge no horizonte logo após o entardecer, na segunda quinzena de dezembro, é a de Órion.
(B) Representação do céu visto do município de Campos do Jordão, São Paulo, em 24 de dezembro de 2018, às 19h51.

Representação esquemática para fins didáticos.

 1 Você já brincou de tentar formar figuras no céu ligando os pontos entre as estrelas? Você acha que qualquer figura que formarmos no céu pode ser considerada uma constelação?

 Se ainda não realizou essa experiência, tente realizá-la. Use a **criatividade** para tentar formar figuras ligando os pontos luminosos do céu.

A definição atual de constelações

Com o desenvolvimento de instrumentos de observação, foi necessário criar um padrão para que os astrônomos do mundo inteiro pudessem identificar as mesmas regiões do céu.

Para resolver esse problema, em 1928, a União Astronômica Internacional definiu que constelações são **regiões do céu definidas de acordo com o agrupamento aparente de estrelas**. Então, em 1930, foram traçadas as 88 regiões do céu, que são as constelações oficiais que atualmente conhecemos.

Ao observarmos da Terra, parece que as estrelas que formam uma constelação estão próximas umas das outras. Na verdade, as distâncias entre elas são enormes. Algumas estrelas estão mais perto de nós, outras estão muito mais longe.

Continuamos a criar figuras no céu, e às vezes essas figuras podem unir estrelas até de constelações diferentes. Padrões aparentes de estrelas que geralmente são facilmente reconhecíveis são chamados **asterismos**.

2 Leia o texto e responda às questões.

Uma das constelações mais fáceis de visualizar no hemisfério sul é a de Órion. Dessa constelação, fazem parte as Três Marias. No hemisfério norte, muitos povos se baseavam no aparecimento dessa constelação no início da noite para demarcar o início do inverno. Nessa mesma época, Órion também pode ser vista do hemisfério sul, surgindo no horizonte logo no início da noite.

Representação de grupo de estrelas que fazem parte da constelação de Órion. As três estrelas que compõem o chamado Cinturão de Órion são popularmente conhecidas como Três Marias. Os fios foram ilustrados na imagem para destacar a figura da constelação, mas eles não podem ser vistos na realidade.

a) No hemisfério sul, o surgimento dessa constelação no início da noite caracteriza qual estação do ano?

_____

b) Identifique no texto uma constelação e um asterismo.

_____

Povos indígenas e as constelações

Os povos indígenas brasileiros reconhecem diversas constelações no céu. Uma delas é a constelação do Homem Velho, cujo desenho alguns povos julgam se parecer com um idoso usando um galho como bengala. Ela surge no céu na segunda metade do mês de dezembro. Para os indígenas da Região Sul do Brasil, o surgimento dela marca o início do verão, a estação mais quente do ano. Para os indígenas da Região Norte, o surgimento dessa constelação representa o início da estação chuvosa.

Outra constelação importante para vários povos indígenas brasileiros é a da Ema. Ela surge na segunda metade do mês de junho e marca o início do inverno para os indígenas da Região Sul do país. Para os indígenas da Região Norte, ela marca o começo da estação seca, quando ocorrem poucas chuvas.

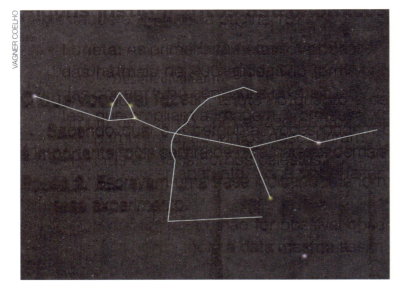

Representação esquemática da constelação do Homem Velho. Os fios foram ilustrados na imagem para destacar a figura da constelação, mas eles não podem ser vistos na realidade. Cores-fantasia.

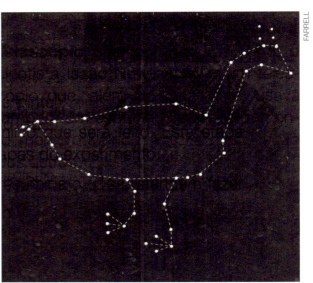

Representação esquemática da constelação da Ema. Os fios foram ilustrados na imagem para destacar a figura da constelação, mas eles não podem ser vistos na realidade. Cores-fantasia.

Os indígenas Tembé, da região da Amazônia, falam de constelações com nomes de animais da floresta amazônica e estabelecem duas estações do ano: a da seca e a da chuva.

Nos meses de dezembro, janeiro e fevereiro, que correspondem à estação chuvosa na região da Amazônia, são visíveis nas primeiras horas da noite as constelações Queixo da Anta, Anta, Jaboti e Canoa. Nos meses de junho, julho e agosto as constelações Ema, Siriema e Beija-Flor marcam, no céu, o período de seca.

3 Pesquise na internet ou em livros outras constelações importantes para os indígenas. Explique como elas ajudam a marcar os ciclos para esses povos.

Álbum de Ciências — Bandeira do Brasil e as constelações

Na bandeira brasileira, estão representadas algumas das estrelas e constelações que podemos ver no céu do nosso país. Essas estrelas estão dispostas de uma maneira bem específica, correspondendo à posição das estrelas no céu no dia 15 de novembro de 1889, às 8h30 da manhã, no Rio de Janeiro. Essa data foi escolhida por ter sido o dia da Proclamação da República do Brasil.

Contudo, a posição das estrelas na bandeira está invertida em relação ao que se observa da Terra. A disposição das estrelas na bandeira representa uma observação feita por alguém fora do planeta, como se visse o globo terrestre. Foram escolhidas 27 estrelas, cada uma representando um estado e o Distrito Federal.

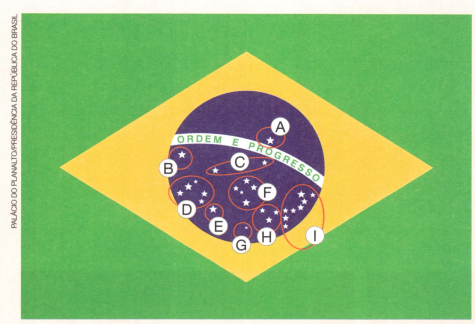

Bandeira oficial do Brasil com a identificação das constelações representadas e a estrela que representa o Distrito Federal.
A: Virgem, B: Cão Menor, C: Hidra, D: Cão Maior, E: Carina, F: Cruzeiro do Sul, G: Oitante, H: Triângulo Austral, I: Escorpião.

1. Pará
2. Amazonas
3. Mato Grosso do Sul
4. Acre
5. Mato Grosso
6. Amapá
7. Rondônia
8. Roraima
9. Tocantins
10. Goiás
11. Bahia
12. Minas Gerais
13. Espírito Santo
14. São Paulo
15. Rio de Janeiro
16. Piauí
17. Maranhão
18. Ceará
19. Rio Grande do Norte
20. Paraíba
21. Pernambuco
22. Alagoas
23. Sergipe
24. Santa Catarina
25. Rio Grande do Sul
26. Paraná
27. Distrito Federal

137

Para ler e escrever melhor

> Este texto **descreve** uma forma de se localizar observando as estrelas.

Aprenda a se orientar pelos astros

Para quem está no **hemisfério norte** do planeta, [...] pode ser muito fácil achar os pontos cardeais quando se tem o hábito de observar as estrelas. Basta encontrar no céu, durante a noite, uma estrela chamada **Polar** que nunca sai do lugar.

Essa estrela não nasce de um lado e nem se põe do outro, porque ela está bem na direção do eixo de rotação da Terra, sobre o polo norte. Por causa de sua posição, alguém que observe a estrela Polar tem a impressão de que todas as outras estrelas giram ao redor dela. [...]

Nós, que estamos no **hemisfério sul**, podemos usar como referência, à noite, a constelação do **Cruzeiro do Sul**. Ele é formado por um grupo de cinco estrelas, brilhantes o suficiente para serem vistas, mesmo da cidade, com as luzes acesas. [...]

Depois que você tiver encontrado o Cruzeiro do Sul, basta prolongar o braço maior da cruz quatro vezes e meia e traçar uma linha imaginária até o horizonte para encontrar o sul. Olhando de frente para o sul, atrás de você estará o norte, à direita o oeste, e à esquerda o leste.

Maria Ramos. *Aprenda a se orientar pelos astros!* In Vivo. Fiocruz. Disponível em: <http://mod.lk/estpolar>. Acesso em: 19 jul. 2018.

Uma dica para encontrar o Cruzeiro do Sul é encontrar, antes, duas estrelas bem brilhantes: Alfa Centauro e Beta Centauro. O Cruzeiro do Sul está próximo a elas.

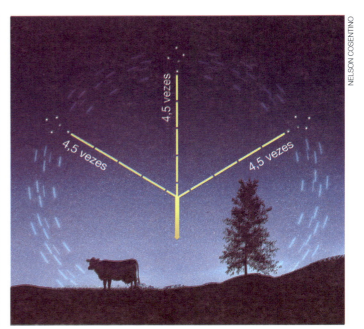

Representação esquemática de como encontrar o ponto cardeal sul utilizando o Cruzeiro do Sul como referência. Não importa a posição da constelação no céu: o método é o mesmo.

Analise

1 Quais corpos celestes podem ser utilizados para indicar os pontos cardeais no hemisfério norte? E no hemisfério sul?

_____

_____

Organize

2 Preencha o esquema a seguir.

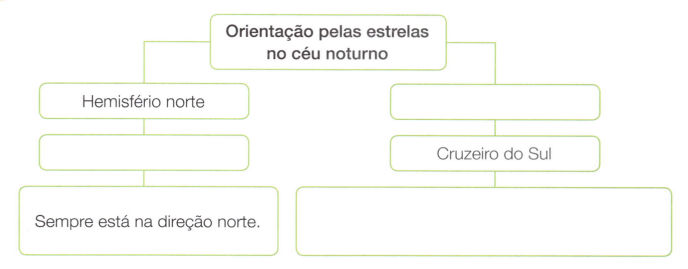

Escreva

3 Observe o esquema abaixo.

 • Com base no esquema e no que você já sabe, produza um texto descrevendo como localizar os pontos cardeais com base na observação do Sol.

 Aproveite o que você já sabe sobre o movimento aparente do Sol no céu e a identificação dos pontos cardeais usando o Sol como referência.

139

CAPÍTULO 3 — Movimentos da Terra

Para perceber os movimentos da Terra e compreender outros fenômenos do mundo em que vivemos, é muito importante entender também o conceito de referencial.

Movimento e referencial

A descrição de um movimento depende de um **referencial** escolhido pelo observador, ou seja, é preciso decidir em relação a que o movimento do objeto será observado. Por esse motivo dizemos que o movimento é **relativo**, pois para um observador algo pode estar se movendo e para outro pode estar parado.

Para compreender isso melhor, imagine um garoto dentro do ônibus com a mãe. Ele como observador vê a mãe parada, pois ela permanece ao seu lado na mesma posição, conforme o tempo passa. Agora, imagine que, quando o ônibus começa a andar, ele acena para o pai, que está parado na calçada. Para o pai como observador o garoto e a mãe estão em movimento, pois se deslocam com o passar do tempo.

Para um passageiro, os demais passageiros estão parados, e as pessoas na rua estão em movimento. Para as pessoas na rua, o ônibus e as pessoas dentro dele estão em movimento.

1. Complete as falas das personagens com as expressões do quadro.

   paradas   em movimento

Para mim, as flores da cesta estão _____.

Para mim, as flores da cesta estão _____.

140

Movimento de rotação da Terra

A Terra não está parada no espaço. Um dos movimentos que ela faz é girar em torno de seu próprio eixo, como um pião; esse movimento é chamado de **rotação**.

O eixo de rotação da Terra é uma linha imaginária que passa por seu centro, atravessando o polo norte e o polo sul. A Terra demora aproximadamente **24 horas** para completar uma volta em torno de seu eixo. Essa é a duração de um dia terrestre.

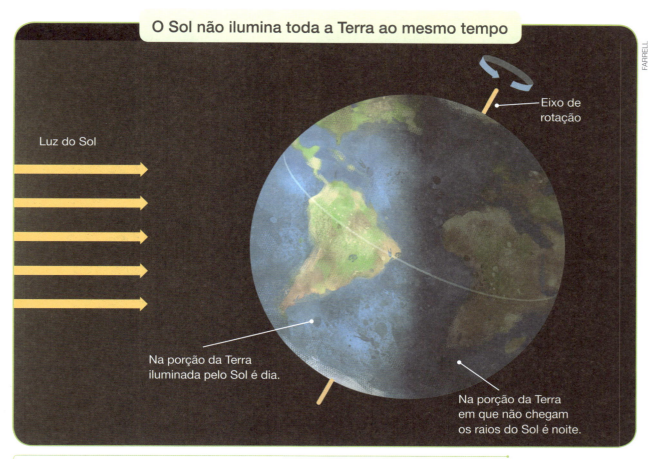

Representação esquemática da Terra, de seu eixo de rotação e do sentido de seu movimento. Os elementos da imagem não estão em proporção. Cores-fantasia.

A alternância entre **dias e noites** existe por causa do movimento de rotação da Terra. À medida que a Terra gira, a região que estava no escuro começa a receber luz do Sol: é o amanhecer. Nesse mesmo movimento, a porção que estava iluminada passa gradualmente para o escuro: é o anoitecer.

Movimentos aparentes

Como estamos na superfície do planeta, nós nos movimentamos com ele. Por isso, não conseguimos perceber seu movimento e temos a impressão de que a Terra está parada e que os outros astros, como o Sol e as outras estrelas, estão passando sobre nós.

A trajetória que o Sol descreve no céu ao longo do dia é denominada **movimento aparente do Sol**.

A Terra gira sempre no mesmo sentido. Assim, para nós que estamos na Terra, o Sol parece "nascer" na direção leste e "se pôr" na direção oeste.

O mesmo ocorre com os corpos celestes visíveis no céu noturno: conforme as horas passam, vemos a posição das estrelas se alterando no céu, deslocando-se na direção leste-oeste, sentido oeste.

2) Olhando na direção leste-oeste, sentido oeste, no município de Balsas, no Maranhão, é possível observar os corpos celestes abaixo, nos horários indicados na imagem, no dia 27 de julho de 2019.

Representação esquemática para fins didáticos do céu noturno no dia 27 de julho de 2019 em Balsas, no Maranhão. Cores-fantasia.

- Responda às questões.

a) Quais diferenças no céu noturno você identificou com o passar do tempo?

_____

_____

b) O que causa o movimento aparente das estrelas no céu? Explique como ocorre.

_____

_____

_____

142

Álbum de Ciências — Dias e noites em uma estação espacial

A **Estação Espacial Internacional** (sigla ISS, em inglês) é um laboratório espacial que orbita ao redor do nosso planeta. Ela foi construída com a colaboração de diversos países. Hoje em dia ela é usada para pesquisas científicas nas áreas de medicina espacial, física, química, biologia, clima espacial, clima na Terra etc. Além disso, oferece uma visão privilegiada do nosso planeta.

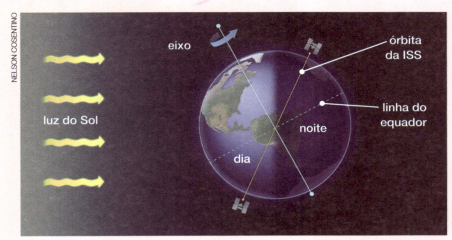

Representação esquemática da órbita da ISS em torno da Terra.

Os elementos representados estão fora de proporção. Cores-fantasia.

A ISS demora aproximadamente 90 minutos para dar uma volta completa em torno da Terra. Durante esse período, a estação fica 45 minutos iluminada pelo Sol e 45 minutos na escuridão. Isso significa que os astronautas presenciam 16 vezes o amanhecer e o anoitecer a cada 24 horas do dia terrestre. Observe, abaixo, a sequência de um amanhecer observado por uma missão da ISS em 2013.

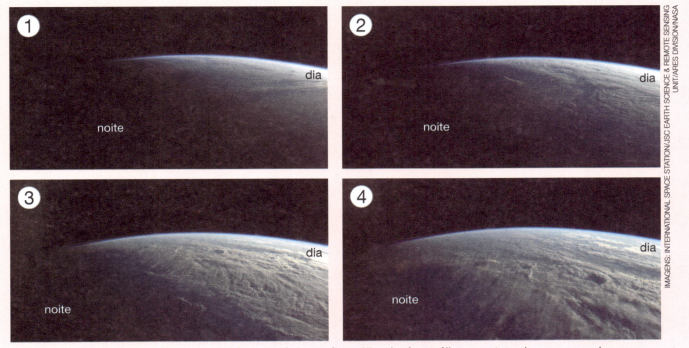

Imagens feitas sobre o Oceano Pacífico, próximas à região da Austrália, mostrando um amanhecer. Note como a região iluminada pela luz solar aumenta progressivamente. Imagens feitas pela tripulação da ISS, Expedição 34.

143

Movimento de translação da Terra

Além de girar em torno do próprio eixo, o planeta Terra também gira ao redor do Sol. Esse movimento é chamado de **translação**.

A trajetória do planeta Terra ao redor do Sol é chamada **órbita**. Para percorrer esse trajeto, o planeta Terra leva aproximadamente **365 dias e 6 horas**.

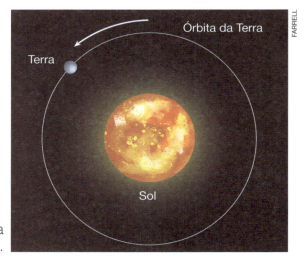

Representação sem escala para fins didáticos. Cores-fantasia.

O círculo representa a órbita do planeta Terra ao redor do Sol.

3 Complete as frases com as palavras do quadro a seguir.

| noites | rotação | dias | órbita | translação |

a) A _____ é o movimento do planeta Terra ao redor do Sol.

b) A _____ é o movimento do planeta Terra ao redor do próprio eixo.

c) A _____ é a trajetória do planeta Terra ao redor do Sol.

d) Os _____ e as _____ existem por causa do movimento de rotação do planeta Terra.

4 Qual é a duração do movimento de translação do planeta Terra? E do movimento de rotação?

_____
_____
_____
_____

5 Desde o dia em que você nasceu, quantas voltas completas o planeta Terra já deu em torno do Sol?

_____
_____
_____

Apesar de o movimento de translação durar cerca de 365 dias e 6 horas, o nosso calendário adota o ano de 365 dias.

A cada quatro anos, a sobra de 6 horas em cada ano soma 24 horas, equivalente a um dia. Esse dia é acrescentado no mês de fevereiro, que passa a ter 29 dias.

Dessa maneira, a cada quatro anos temos um ano **bissexto**, ou seja, um ano com 366 dias.

O movimento de translação também é realizado por outros planetas do Sistema Solar. No entanto, a duração de uma volta completa em torno do Sol varia de acordo com a órbita de cada planeta.

6 Observe a tabela a seguir. Nela, é possível observar a duração de uma volta completa de cada planeta ao redor do Sol. Depois, responda às questões.

Planeta	Duração de uma translação completa (em dias e anos terrestres)
Mercúrio	88 dias
Vênus	225 dias
Terra	365 dias = 1 ano
Marte	687 dias = 1 ano e 11 meses
Júpiter	4.333 dias = 11 anos e 11 meses
Saturno	10.756 dias = 29 anos e 6 meses
Urano	30.687 dias = 84 anos
Netuno	60.190 dias = 164 anos e 11 meses

Fonte: NASA. Divisão de Ciência Planetária. *Sistema Solar*. Disponível em: <http://mod.lk/transpla>. Acesso em: 29 jun. 2018.

a) Por que as translações dos planetas têm diferentes períodos de duração?

_____

_____

_____

_____

b) De acordo com a tabela acima, calcule qual seria a sua idade nos planetas a seguir.

- Vênus: _____

- Marte: _____

- Saturno: _____

As estações do ano

No movimento de rotação, o planeta Terra gira em um eixo levemente inclinado em relação à sua órbita. Essa inclinação e o movimento de translação são responsáveis pelas mudanças de temperatura e luminosidade percebidas nas diferentes **estações do ano**.

Durante o **inverno** no hemisfério sul, a quantidade de luz e calor que chega do Sol é menor que no hemisfério norte, onde é **verão**. Durante o verão no hemisfério sul, a situação se inverte.

A **primavera** vem depois do inverno e antes do verão. Durante essa estação, a quantidade de luz e calor do Sol que chega ao hemisfério aumenta com o passar dos dias.

O **outono** vem depois do verão e antes do inverno. No outono acontece o contrário da primavera, ou seja, a quantidade de luz e calor vindos do Sol vai diminuindo. Enquanto é primavera no hemisfério sul, é outono no hemisfério norte, e vice-versa.

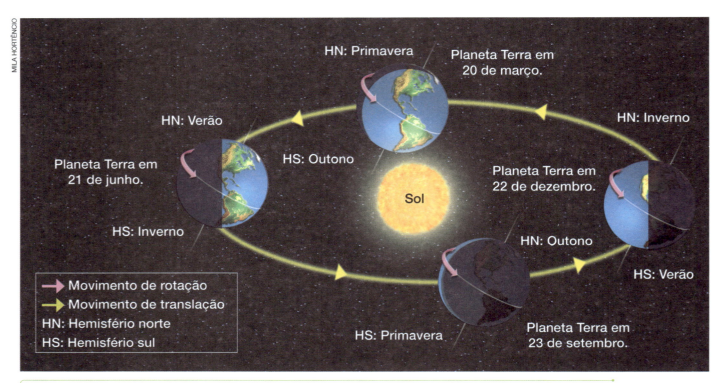

Representação sem escala para fins didáticos de como ocorrem as estações do ano. Cores-fantasia.

7 As estações do ano sempre ocorrem em pares no planeta Terra: enquanto o hemisfério sul está em uma estação do ano, o hemisfério norte está em outra.

- Complete o quadro ao lado relacionando as estações do ano que ocorrem ao mesmo tempo no planeta.

Hemisfério sul	Hemisfério norte
Primavera	
	Inverno
	Primavera
Inverno	

146

8 De acordo com o esquema da página anterior, responda às questões.

a) O que o esquema mostra?

_____

_____

b) Em relação ao Equador, qual hemisfério está sendo mais iluminado pelo Sol em 22 de dezembro?

_____

- Qual é a estação do ano nesse hemisfério? E no Brasil?

_____

_____

c) Qual é o hemisfério menos iluminado pelo Sol em 22 de dezembro?

_____

- Qual é a estação do ano nesse hemisfério?

_____

_____

d) Por que as estações do ano são diferentes nos hemisférios norte e sul?

_____

_____

_____

e) Na data de hoje, qual é a estação do ano no lugar onde você vive?

_____

9 Preencha o quadro a seguir.

	Movimentos do planeta Terra	
	Rotação	Translação
O que é		
Duração		

147

CAPÍTULO 4 — A Lua

A Lua é o **satélite natural** da Terra. Isso significa que ela é um corpo celeste que orbita ao redor do nosso planeta. Ela também faz um movimento de rotação, girando em torno de seu próprio eixo.

1 Você observa a Lua no céu todos os dias?

_____

- Em sua opinião, a Lua muda de forma e tamanho com o passar dos dias? Por quê?

_____

_____

_____

Conforme a Lua se desloca em sua órbita ao redor da Terra, ela é vista da superfície de nosso planeta tanto durante o dia quanto à noite. Ao fazer esse movimento, ela muda de posição em relação ao Sol, que é a fonte da luz que ela reflete. Por isso a Lua aparece para nós sob diferentes aspectos, chamados de **fases da Lua**.

Apesar de a Lua aparentar mudar de aspecto um pouco a cada dia, são destacadas quatro fases principais, descritas abaixo.

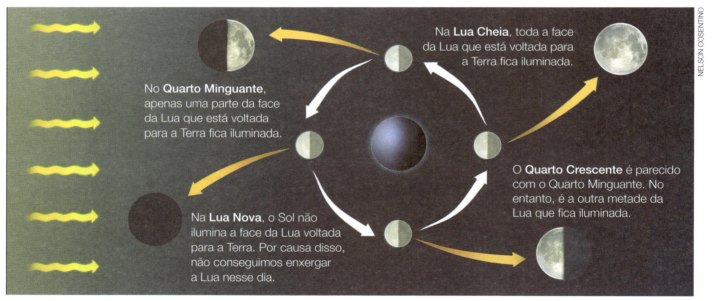

Representação esquemática da órbita da Lua em torno da Terra e do sentido de seu movimento.

Os elementos da imagem não estão em proporção. Cores-fantasia.

O período entre duas fases iguais e consecutivas é chamado de **lunação**; ele dura 29 dias, aproximadamente.

2. Observe o calendário lunar do ano de 2020 e depois responda às questões.

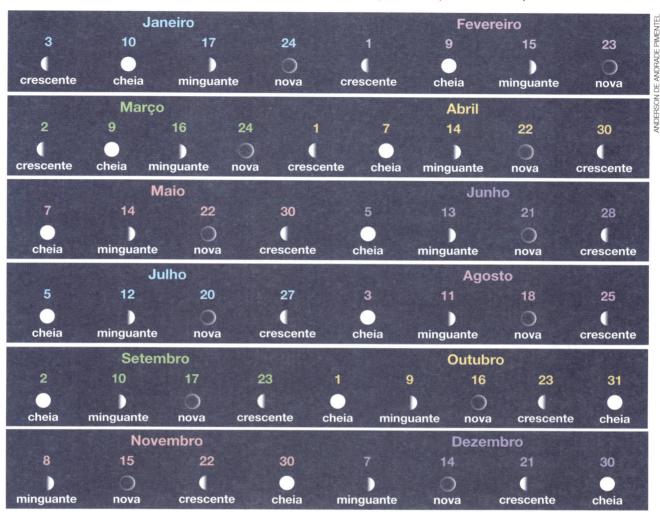

a) Quantas fases da Lua ocorrem em um mês?

_____

b) Quantos dias aproximadamente dura cada fase?

_____

c) Quantos dias são necessários para que se repita a Lua Cheia?

_____

d) Você acha que observar as fases da Lua é uma boa maneira de contar a passagem de um mês? Por quê?

_____
_____

As fases da Lua

Para entender melhor como ocorrem as fases da Lua, leia e observe a situação a seguir.

Felipe e Camila querem simular o movimento da Lua em torno da Terra. Eles decidiram que Felipe vai representar o Sol e Camila, a Terra. Para representar a Lua, pegaram uma bola branca.

(A) Felipe acendeu uma lanterna para simular a luz do Sol. Camila se sentou em um banquinho, de costas para ele, e ergueu a bola.

(B) Nessa situação, Camila vê a bola toda iluminada. Isso corresponde à Lua Cheia.

(C) Depois, Camila girou lentamente para a direita, até ficar de lado para Felipe.

(D) Agora, Camila vê que só a metade direita da bola fica iluminada. Essa situação corresponde ao Quarto Minguante.

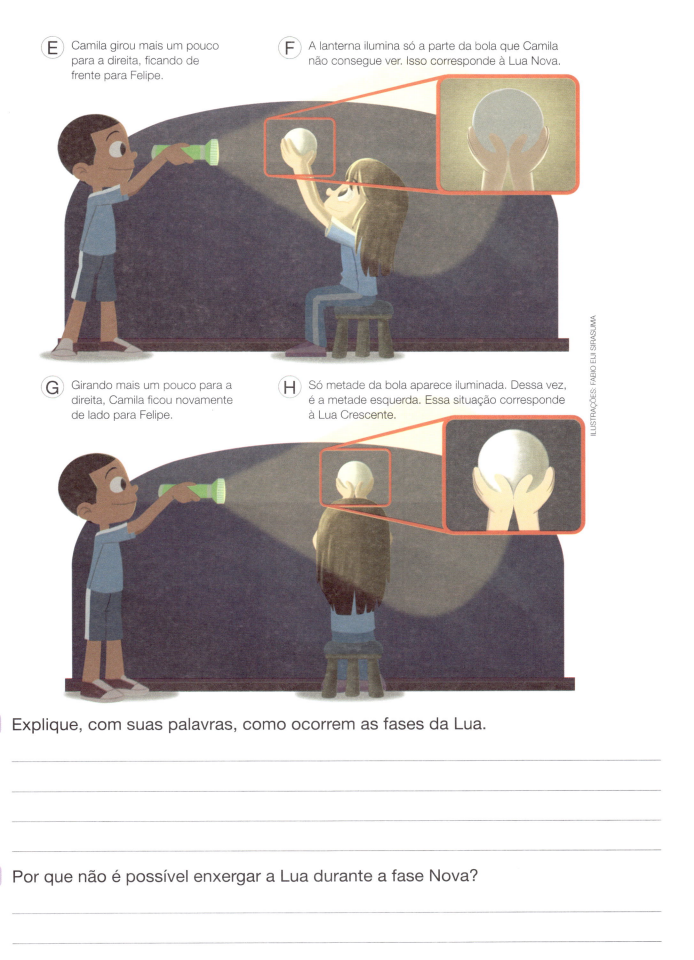

E Camila girou mais um pouco para a direita, ficando de frente para Felipe.

F A lanterna ilumina só a parte da bola que Camila não consegue ver. Isso corresponde à Lua Nova.

G Girando mais um pouco para a direita, Camila ficou novamente de lado para Felipe.

H Só metade da bola aparece iluminada. Dessa vez, é a metade esquerda. Essa situação corresponde à Lua Crescente.

3 Explique, com suas palavras, como ocorrem as fases da Lua.

_____

_____

_____

4 Por que não é possível enxergar a Lua durante a fase Nova?

_____

_____

CAPÍTULO 5
Instrumentos de observação do céu

Os primeiros **telescópios** e **lunetas** foram desenvolvidos há mais de 400 anos. Eles permitiram observar com mais detalhes a Lua e alguns planetas: Mercúrio, Vênus, Marte, Júpiter e Saturno.

Com o passar do tempo, houve avanços tecnológicos dos instrumentos de observação e a Astronomia se desenvolveu e se aprofundou.

Hoje existem diversos modelos de telescópios potentes instalados em observatórios, viajando pelo espaço ou mesmo em residências particulares.

Alguns instrumentos astronômicos

- **Luneta:** As primeiras lunetas foram criadas há mais de 400 anos. São formadas por um tubo com duas ou mais lentes, que ampliam a imagem. Com esse equipamento, astrônomos descobriram planetas e outros corpos celestes.

- **Telescópio newtoniano:** Em 1668, o cientista Isaac Newton criou um telescópio que, além de uma lente, usava também um espelho. Esse equipamento melhorou ainda mais a observação dos astros.

Luneta usada pelo astrônomo Galileu Galilei, no século XVII. Museu da Ciência, em Florença, na Itália.

Réplica do primeiro telescópio feito por Isaac Newton, exposta na Real Sociedade de Londres. O observador olha através de uma lente encaixada ao lado do tubo.

- **Telescópios espaciais:** Esses instrumentos ficam em órbita ao redor da Terra e conseguem captar imagens que telescópios na superfície não são capazes de alcançar.

Telescópio espacial Hubble. O Hubble orbita a Terra a 569 km da superfície. Dessa altura, é possível ficar acima da atmosfera e ver mais claramente objetos no espaço.

- **Sondas espaciais:** São naves espaciais enviadas para explorar planetas, satélites e outros astros. Um exemplo é a sonda Cassini-Huygens, que foi enviada para Saturno em 2004 e ficou em operação até 2017, fornecendo muitas informações sobre esse planeta.

Reprodução artística da sonda Cassini-Huygens próxima ao planeta Saturno.

1 Responda às questões abaixo.

a) Por que esses instrumentos são importantes para a Ciência?

_____

_____

b) Pesquise para quais outras finalidades os telescópios podem ser utilizados.

_____

_____

_____

 2 Escreva no caderno um pequeno texto com o tema a seguir.

A tecnologia teve grande importância no desenvolvimento da Astronomia.

- No seu texto, cite alguns exemplos de tecnologia.

> Antes de escrever o seu texto, **organize as ideias**, definindo a ordem em que apresentará as informações. Escreva primeiro sobre a importância da tecnologia e, em seguida, apresente alguns exemplos.

153

O mundo que queremos

As mulheres na Astronomia

Em muitos países, os homens são maioria na profissão de cientista, seja em Biologia, Física, Biomedicina, Química, Matemática, Engenharia e Tecnologia, Medicina e Terra e Espaço, de acordo com relatório da Organização das Nações Unidas para a Educação, a Ciência e a Cultura (Unesco) de 2016.

Em todo o mundo, em média, apenas 28% dos pesquisadores são mulheres. O Brasil é uma das poucas exceções. Aqui, quase metade das pessoas que se dedicam às Ciências é mulher.

No entanto, em algumas áreas, a participação das mulheres ainda é reduzida. É o caso de Física e Astronomia, por exemplo. No Brasil, o número de homens nessas áreas é duas vezes maior que o de mulheres.

Algumas pessoas acreditam que as Ciências não são "coisa de mulher". Por causa desse preconceito, muitas meninas são desestimuladas a estudar e praticar Ciência. Felizmente, essa realidade está mudando. Para isso, são necessários estímulos para que as mulheres se interessem e permaneçam na pesquisa científica.

Veja as fotos e conheça algumas das mulheres que contribuíram para o desenvolvimento da Astronomia no Brasil e no mundo.

Preconceito: opinião negativa formada sem conhecimento.

Fonte dos dados: United Nations Educational, Scientific and Cultural Organization. *UNESCO Science Report:* towards 2030. Paris, 2016.

Cecilia Payne-Gaposchkin (1900-1979) descobriu do que são feitas as estrelas em 1925.

Mary Jackson (1921-2005) foi a primeira mulher negra a trabalhar como engenheira espacial na agência espacial norte-americana (Nasa).

Yeda Veiga Ferraz Pereira foi a primeira astrônoma profissional do Brasil. Trabalhou no Observatório Nacional, no Rio de Janeiro, na década de 1950.

A brasileira Beatriz Barbuy já foi vice-presidente da União Astronômica Internacional e é uma das principais especialistas no estudo das estrelas.

Compreenda a leitura

1 Faça um **X** nas alternativas corretas, segundo o texto.

☐ No Brasil, a maioria dos cientistas são mulheres.

☐ Em muitos países, a maioria dos cientistas são homens.

☐ Cerca de metade dos cientistas brasileiros são mulheres.

☐ No Brasil, há mais homens do que mulheres pesquisando Astronomia.

☐ Não são necessários estímulos para que as mulheres se interessem e permaneçam na pesquisa científica.

Vamos fazer

2 O preconceito contra as mulheres ainda existe e precisa ser combatido. Converse com seus colegas sobre as seguintes questões:
- Vocês acham que Ciência, ou outra área profissional, não é "coisa de mulher"? O que seria "coisa de mulher" na opinião de vocês?
- Vocês já presenciaram alguma situação de preconceito contra a mulher? Como foi?
- Como o preconceito pode reduzir a presença de mulheres na Astronomia?
- O que pode ser feito para combater o preconceito contra a mulher?

3 Em grupos, elaborem cartazes para expor as ideias que vocês debateram. Usem textos e imagens para deixar o cartaz atrativo e informativo.
- Exponham os cartazes em algum lugar da escola, sob orientação do professor.

É muito importante **questionar** valores e crenças já preestabelecidos. **Pergunte-se** se concorda com padrões que existem e o que pode fazer para transformá-los.

O que você aprendeu

1 Observe as fotografias e responda.

Trenzinho de brinquedo

Pião

a) Qual desses objetos está realizando um movimento parecido com o de rotação da Terra? Por quê?

_____

_____

b) Qual desses objetos realiza um movimento parecido com o de translação da Terra? Por quê?

_____

_____

c) Qual dos movimentos da Terra, rotação ou translação, origina o dia e a noite?

_____

d) Que fatores, associados ao movimento de translação da Terra, contribuem para originar as estações do ano?

_____

_____

_____

2 Como a Lua muda de fase?

_____

_____

_____

156

3 Numere as quatro fases da Lua na sequência em que as observamos, começando na Lua Nova.

1   2   3   4

[1] Lua Nova.   [ ] Lua Minguante.   [ ] Lua Cheia.   [ ] Lua Crescente.

4 Leia a história a seguir e responda.

Uma mulher e sua filha estão no quintal de casa, à noite, observando o céu. A mãe aponta para uma constelação e fala:
— Olha, filha! A constelação do Cruzeiro do Sul!
— Que legal! Vou mostrar para o vovô quando ele chegar!
Três horas depois a menina volta para o quintal, trazendo seu avô pela mão, e diz:
— Vem ver, vô, a constelação do Cruzeiro do Sul.
A menina aponta para onde a constelação estava e fala:
— Ué, ela estava ali! Onde ela foi parar?

- O que você responderia à menina?

_____
_____
_____

5 Qual é a importância dos telescópios para a Astronomia?

_____
_____
_____

157

O QUE VOCÊ APRENDEU

6 Observe a representação dos planetas do Sistema Solar na página 133 e responda às questões.

a) Qual é o menor planeta do Sistema Solar? E qual é o maior?
_____

b) Qual é o planeta mais próximo do Sol? E qual é o mais distante?
_____

7 Sabendo que o ano de 2016 foi um ano bissexto, faça um X nos outros anos bissextos.

☐ 2017   ☐ 2019   ☐ 2022   ☐ 2028   ☐ 2032
☐ 2018   ☐ 2020   ☐ 2024   ☐ 2030   ☐ 2034

• Represente, no espaço abaixo, os cálculos que você fez para responder à questão.

8 Antes de sair de casa, Ana Luísa abriu o jornal para ver a previsão do tempo para o dia.

Quarta-feira, 21/7	Manhã	Tarde	Noite
máx. de 27 °C			
mín. de 14 °C			

a) Qual astro foi usado para representar o período da noite? Qual é a relação dele com a Terra?
_____
_____

b) Sabendo que Ana Luísa mora no Brasil, qual era a estação do ano no dia em que ela viu a previsão?
_____
_____

9 Observe o calendário abaixo e responda às questões.

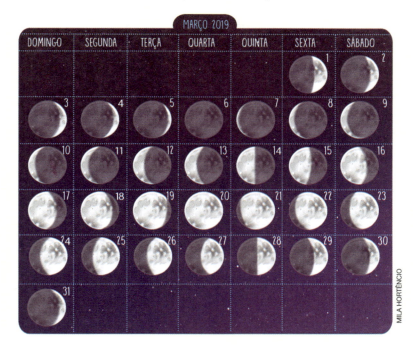

a) Quais são as fases da Lua nos dias 6, 14, 20 e 28 de março de 2019?

_____

_____

b) Quantos dias, aproximadamente, dura cada fase da Lua?

_____

10 Leia o texto e responda.

Um satélite brasileiro

O Brasil deverá lançar em 2018 o primeiro satélite nacional de médio porte inteiramente projetado e construído no país. Batizado de Amazonia-1, o artefato [...] terá como missão monitorar os recursos naturais do país. [...]

O satélite vai auxiliar no controle do desmatamento da floresta amazônica, na previsão de colheitas agrícolas, no monitoramento do litoral e no gerenciamento de rios.

Yuri Vasconcelos. Um satélite brasileiro. *Pesquisa Fapesp*, ed. 239, jan. 2016. (Adaptado.)

Amazonia-1, primeiro satélite brasileiro inteiramente projetado e construído no país.

- Qual é o nome do satélite brasileiro citado na notícia? Cite uma de suas funções.

Sumário

UNIDADE 1

1. Diferença entre a água salgada e a água doce 162
2. Separação de misturas 163
3. Sucata eletrônica 164

UNIDADE 2

1. Energia para o movimento 165
2. Testando os materiais 166
3. Como testar o magnetismo 168
4. Construir circuitos e testar materiais 170

UNIDADE 3

1. Testando a presença de amido 172
2. De olho nas embalagens dos alimentos 174
3. Cardápio equilibrado 176
4. Modelo de pulmão 178

UNIDADE 4

1. Identificando constelações 180
2. Construindo uma luneta 182
3. Observar e registrar as fases da Lua 184

MILA HORTENCIO

UNIDADE 1

1 Experimento

Diferença entre a água salgada e a água doce

O que você vai fazer

Verificar uma diferença de propriedade entre a água salgada e a água doce.

Material

- sal
- água
- 4 copos
- 3 ovos
- colher
- etiquetas
- caneta

Como você vai fazer

1. Em grupos, numerem os copos de 1 a 4 usando as etiquetas.
2. Completem os copos 1, 2 e 3 com água.
3. Despejem água até a metade do copo 4.
4. Nos copos 1 e 2, adicionem 7 colheres de sal em cada um.
5. Coloquem um ovo dentro do copo 1 e outro ovo no copo 3. Observem.
6. Coloquem o terceiro ovo no copo 4 e, aos poucos, despejem nele a água do copo 2. Observem o que acontece.

Passo 5.

Para você responder

1. O que aconteceu com o ovo na água salgada? E na água doce?

2. O que aconteceu com o ovo quando você adicionou água salgada ao copo que tinha água até a metade?

2 Experimento

Separação de misturas

O que você vai fazer

Verificar uma forma de separar misturas.

Material

- frasco transparente
- água
- terra de jardim
- luvas de borracha
- pá de jardinagem

Como você vai fazer

 1. Reúnam-se em grupo.

2. Coloquem água no frasco.

3. Usando as luvas, adicionem 2 colheres de terra de jardim e mexam. Observem o que acontece.

4. Esperem 20 minutos e observem como está a mistura.

Para você responder

1. O que aconteceu ao misturar a terra de jardim com a água?

_____
_____

2. Depois de 20 minutos, como ficou a mistura?

_____
_____

3. Esse pode ser considerado um processo de separação de misturas? Justifique.

_____
_____
_____

4. Que etapa do tratamento da água se assemelha ao que aconteceu na atividade?

_____
_____

UNIDADE 1

3 Pesquisa

Sucata eletrônica

O que você faz quando seus aparelhos eletrônicos estragam ou ficam ultrapassados? E o que faz com as pilhas e baterias usadas?

O rápido avanço tecnológico está causando o aumento do volume do lixo eletrônico. Muitos desses produtos contêm componentes que podem ser reciclados. Mas, para isso, é preciso que eles sejam descartados em locais adequados.

Em algumas cidades há iniciativas do governo para recolher a sucata eletrônica. Certos estabelecimentos comerciais, como farmácias, mercados e lojas das empresas de telefonia podem ter pontos de coleta desses materiais.

Ponto de coleta de sucata eletrônica, no município de São Paulo, São Paulo, 2016.

O que você vai fazer

Pesquisar os pontos de coleta de sucata eletrônica no trajeto que você faz entre sua casa e a escola.

Como você vai fazer

1. Reúnam-se em grupos e, com um adulto, percorram os estabelecimentos comerciais no trajeto entre sua casa e a escola, verificando se eles têm pontos de coleta de materiais eletrônicos.

2. Anotem no caderno os pontos de coleta e quais materiais podem ser descartados em cada local.

3. Façam um cartaz indicando os pontos de coleta nas proximidades da escola. Enfatizem a importância do descarte correto desses produtos.

4. Usem o cartaz para promover uma campanha de conscientização sobre o descarte adequado dos materiais eletrônicos com a comunidade escolar.

Para você responder

1. Quantos pontos de coleta de sucata eletrônica você encontrou no trajeto da sua casa até a escola?

2. Em sua opinião, qual é a importância de divulgar os locais de descarte adequado da sucata eletrônica?

UNIDADE 2

1 Experimento

Energia para o movimento

O que você vai fazer

Testar a relação entre a altura inicial de um corpo e seu movimento.

Material

- duas réguas de plástico de 30 cm
- apontador
- livros
- lápis
- mesa

Como você vai fazer

1. Formem grupos. Marquem um ponto fixo na mesa. A mais ou menos um palmo desse ponto fixo, coloquem livros empilhados até atingir aproximadamente quatro dedos de altura.

2. Coloquem a extremidade da régua com a marca 0 (zero) no ponto fixo da mesa e apoiem a outra extremidade na pilha de livros.

3. Agora, posicionem o apontador na marca de 15 cm e deixem-no cair livremente, deslizando sobre a régua. Meçam, com a outra régua, a distância que ele percorreu na mesa em relação ao ponto fixo.

4. Depois, acrescentem um livro sobre a pilha de livros e repitam o procedimento descrito no passo anterior. Meçam a distância percorrida pelo apontador.

5. Por fim, acrescentem mais um livro sobre a pilha de livros e repitam o procedimento com o apontador. Meçam a distância percorrida pelo apontador.

Passo 1.

Passo 3.

Para você responder

1. Registre o número de livros usados para apoiar a régua e a distância percorrida pelo apontador (em centímetros) em cada teste.

Número de livros			
Distância percorrida			

2. Que relação você observou entre o número de livros colocados para apoiar a régua e a distância percorrida pelo apontador?

165

UNIDADE 2

2 Experimento

Testando os materiais

Neste experimento, testaremos objetos feitos de materiais diferentes em relação a duas propriedades distintas.

1ª etapa: A forma afeta a flutuação?

Por que um clipe feito de material metálico afunda em um copo com água e um navio cargueiro flutua no mar?

Como a forma de um objeto pode afetar sua capacidade de flutuar? Vamos descobrir nesta atividade prática.

O que você vai fazer

Verificar se a forma (volume) interfere na flutuação de um barco.

Material

- ✔ massa de modelar
- ✔ recipiente transparente (pode ser uma tigela)
- ✔ caneta marcador
- ✔ régua
- ✔ água
- ✔ câmera fotográfica
- ✔ lápis

Como você vai fazer

1. Coloque água até a metade da tigela.
2. Com a caneta marcador, marque o nível da água na tigela.
3. Faça uma bola com a massa de modelar. Aperte bem para tirar o ar. Coloque essa bola na água e registre os resultados. Ao finalizar, confira se o nível da água na tigela se alterou.
4. Agora, modele a massa em forma de barco. Tire uma foto do barco. Coloque o barco na água e verifique se ele flutua ou afunda.
5. Se afundar, continue moldando a massa de modelar até obter um barco que flutue. A cada ajuste no barco, tire uma foto.
6. Registre o que você observou no quadro ao lado.

FABIO EIJI SIRASUMA

	Flutua	Afunda
Barco 1		
Barco 2		
Barco 3		
Barco 4		

2ª etapa: Quebra ou não quebra?

O que você vai fazer

Investigar quais objetos feitos de materiais diferentes quebram com facilidade com o impacto de uma queda.

Material

- fita métrica de 2 metros
- fita adesiva
- régua plástica
- grafite de lapiseira
- lápis de madeira apontado
- pedaço de isopor
- garrafa plástica
- giz

Como você vai fazer

1. Formem grupos de até quatro alunos.

2. Em uma parede, com auxílio da fita métrica, marquem com a fita adesiva a altura de 130 centímetros. Soltem dessa altura cada um dos objetos testados e observem o que acontece.

3. Registrem o que vocês observaram na tabela a seguir.

Objeto	Giz	Régua plástica	Grafite	Lápis apontado	Isopor	Garrafa plástica
Quebrou						
Não quebrou						

Para você responder

- Qual foi a propriedade dos materiais testada na 1ª etapa? E na 2ª etapa?

UNIDADE 2

3 Experimento

Como testar o magnetismo?

Nesta atividade, vocês vão elaborar um experimento para testar o magnetismo e depois colocá-lo em prática.

Para começar, reúnam-se em grupos de até quatro alunos.

O primeiro passo para elaborarmos um experimento é ter clareza de qual é a nossa pergunta, ou seja, o que queremos saber.

Passo 1. Assim, nesta atividade sobre magnetismo, o que vocês gostariam de testar?

O que você vai fazer

Sabendo qual é a pergunta, vocês podem definir o que será feito. Esta etapa é importante, pois servirá de guia para as demais etapas do experimento.

Passo 2. Escrevam uma frase indicando de forma resumida o que pretendem fazer nesse experimento.

Material

Para definir os materiais necessários para a realização do experimento, precisamos ficar atentos ao que queremos saber. É preciso garantir que teremos todos os objetos necessários para montar o experimento.

Passo 3. Considerando a pergunta que elaboraram (passo 1) e o modo como irão respondê-la (passo 2), façam uma lista dos materiais que serão necessários para executar seu experimento.

Como você vai fazer

Deve ficar claro como vocês pretendem usar os materiais necessários para responder à pergunta escolhida. A descrição dos procedimentos pode ser feita em etapas, para ajudar a realizar o experimento. Vejam um exemplo:

> 1) Disponham sobre a carteira os objetos a serem testados.
>
> 2) Escolham um dos objetos listados como materiais necessários e separem-no dos demais. Aproximem o ímã do objeto escolhido.
>
> 3) Façam o mesmo com os demais objetos que desejarem testar.
>
> 4) Agora é a hora de colocar o experimento em prática, seguindo todas as etapas que vocês elaboraram.
>
> 5) Observem o que acontece e documentem o resultado.

Passo 4. Descrevam as etapas do experimento.

_____
_____
_____
_____

Há diferentes formas de documentar um experimento, como anotar em um caderno ou gravar um vídeo do processo, por exemplo.

Para você responder

1. O experimento indicou o que vocês queriam saber?

_____
_____

2. Foi fácil seguir as etapas que vocês elaboraram para o experimento? Vocês alterariam alguma etapa?

_____
_____
_____

3. A quais conclusões vocês chegaram?

_____
_____
_____

4. Elaborem um cartaz mostrando as etapas do experimento e os resultados a que o grupo chegou e exponham para os colegas de classe.

> **Use a criatividade** para elaborar os cartazes. Você pode utilizar recortes, textos, desenhos, fotos, entre outros. Capriche para deixar o cartaz atrativo!

UNIDADE 2

4 Experimento

Construir circuitos e testar materiais

O que você vai fazer

Esta atividade está organizada em duas partes. Na primeira, você vai construir um circuito elétrico. Na segunda, você vai testar objetos feitos de diferentes materiais para verificar se eles permitem a passagem de corrente elétrica.

1ª parte: Construindo um circuito elétrico

Material

- 2 pedaços de fio de cobre com as pontas desencapadas pelo professor
- 2 pilhas
- 1 lâmpada pequena de lanterna
- fita isolante

Como você vai fazer

1. Formem grupos de até quatro alunos.

2. Observem as pilhas e notem que, de um lado, há uma saliência e um sinal + e, de outro, a superfície é plana e há um sinal –. Usando a fita isolante, unam as pilhas juntando a extremidade + de uma com a extremidade – da outra.

3. Com a fita isolante, fixem a ponta de um fio a uma das extremidades livres das pilhas.

4. Na outra extremidade das pilhas, fixem a ponta do outro fio. A montagem deve ficar como mostra a imagem ao lado.

5. Agora, encontrem a posição correta dos fios para acender a lâmpada com essa montagem que vocês fizeram.

Passo 2.

Passos 3 e 4.

Para você responder

1. De que maneira os fios devem ser ligados à lâmpada para que ela acenda?

2. Qual é a evidência de que houve passagem de corrente elétrica pela lâmpada?

170

2ª parte: Testando a condutibilidade elétrica

Agora que já sabem como montar um circuito simples e como ligar a lâmpada, vocês vão testar alguns objetos feitos de materiais diferentes para verificar se a corrente elétrica passa por eles.

Material

- ✔ circuito elétrico montado na 1ª parte da atividade
- ✔ borracha escolar
- ✔ clipe de metal
- ✔ moeda
- ✔ lápis de madeira
- ✔ caneta de plástico
- ✔ pedaço de cortiça, feltro ou lã
- ✔ objeto de couro
- ✔ objeto de cerâmica pequeno

Como você vai fazer

1. Ainda nos mesmos grupos, peçam ao professor que corte um dos fios que ligam as pilhas à lâmpada e que retire um pouco da cobertura plástica no local do corte.

2. Agora, testem os objetos da lista acima encostando-os às pontas do fio cortado e verifiquem se ocorre passagem de corrente elétrica através deles.

Passo 1.

Passo 2.

TEL COELHO

Para você responder

1. Ao cortar o fio, o circuito ficou aberto ou fechado? Nessa situação, há passagem de corrente elétrica?

_____

_____

2. Qual é a evidência de que houve passagem de corrente elétrica através do objeto testado?

_____

_____

3. Classifique os objetos testados em duas categorias: isolantes elétricos e condutores elétricos.

Isolantes elétricos	Condutores elétricos

171

UNIDADE 3

1 Experimento

Testando a presença de amido

O amido é um carboidrato presente em muitos alimentos de origem vegetal, como a batata e o milho.

Certos alimentos, originalmente, não contêm amido em sua composição, como queijos, iogurtes e requeijões, pois são feitos com leite de animais. No entanto, muitas indústrias adicionam amido para criar uma consistência mais espessa.

Espessa: que é densa ou grossa.

Para detectar a presença de amido nos alimentos, pode-se utilizar um líquido marrom, chamado iodo. Ao entrar em contato com o amido, o iodo muda de cor.

O que você vai fazer

Testar a presença de amido em diferentes alimentos.

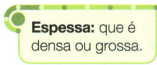

Não ingiram o iodo nem deixem que ele entre em contato com os olhos.

Material

- amostras de alimentos diversos, como carne, ovo cozido, salsicha, pão, batata, banana, iogurte, queijo e requeijão
- tintura de iodo
- recipientes para as amostras de alimento
- colher
- conta-gotas
- luvas de borracha

Como você vai fazer

1ª parte: Entendendo o método

1. Primeiro, familiarizem-se com o que acontece quando o iodo entra em contato com o amido. Coloquem a luva e, com o conta-gotas, pinguem algumas gotas de tintura de iodo na batata ou no pão. Esses alimentos contêm bastante amido.

Passo 1.

2. Em seguida, pinguem algumas gotas de tintura de iodo sobre a carne ou o ovo cozido. Esses alimentos não contêm amido.

3. Observem o que acontece com a coloração da tintura de iodo nas duas situações.

2ª parte: Testando os alimentos

1. Agora que vocês sabem como o iodo reage com o amido, testem se as amostras de alimentos contêm ou não essa substância.

2. Ao pingar algumas gotas de tintura de iodo sobre o iogurte ou o requeijão, mexam um pouco com a colher, para misturar o iodo ao alimento.

3. Ao final do experimento, esses alimentos não podem ser ingeridos e devem ser descartados.

Para você responder

1. Organizem todos os resultados observados durante o experimento no quadro a seguir.

Alimento	Teste de iodo	Presença de amido
Pão	*Ficou azul-escuro.*	*Sim.*
Requeijão		
Iogurte		
Salsicha		
Batata		
Banana		
Queijo		
Ovo cozido		
Carne		

2. Com o teste foi possível evidenciar a presença de amido em iogurtes, queijos e requeijões? Qual é sua opinião a respeito do resultado?

173

UNIDADE 3

2 Experimento

De olho nas embalagens dos alimentos

As embalagens dos produtos industrializados são coloridas, bonitas e atraentes. Mas você já parou para observar o que está escrito nelas?

No Brasil, a Agência Nacional de Vigilância Sanitária (Anvisa) é responsável pela regulamentação dos rótulos dos alimentos industrializados.

Regulamentação: conjunto de regras definidas por lei com o objetivo de organizar algo.

Hoje, os rótulos dos produtos devem conter as seguintes informações:

- nome do produto;
- lista de ingredientes que compõem o produto;
- quantidade do produto geralmente em gramas (g) ou em mililitros (ml);
- prazo de validade;
- identificação da origem;
- tabela nutricional.

O que você vai fazer

Analisar as informações contidas nas embalagens de alimentos industrializados.

Material

✓ embalagens de alimentos industrializados

As embalagens de alimentos podem variar, mas as informações que elas apresentam são regulamentadas pela Anvisa.

Como você vai fazer

1. Traga de casa duas embalagens de alimentos industrializados diferentes.

2. Forme dupla com um colega e analisem as informações apresentadas nas embalagens que vocês trouxeram. Procurem identificar todas as informações citadas anteriormente.

3. Escolham uma das embalagens que vocês trouxeram de casa e respondam às atividades a seguir.

174

Para você responder

1. Observem a lista de ingredientes do alimento. Vocês conseguem identificar substâncias artificiais adicionadas ao alimento? Quais são elas?

2. Observem a tabela nutricional do produto e respondam.

    a) Quais nutrientes aparecem na tabela?

    b) Qual nutriente aparece em maior quantidade? E qual aparece em menor quantidade?

    c) Há um item chamado valor energético? O que isso significa?

3. Qual é a origem do produto? Como foi possível trazer esse produto até vocês sem que ele estragasse?

4. Os alimentos que vocês analisaram são saudáveis ou devem ser consumidos apenas eventualmente? Justifiquem.

5. Por que é importante sempre verificar o prazo de validade do produto?

6. É importante ler o rótulo antes de escolher um produto? Por quê?

3 Pesquisa

Cardápio equilibrado

O cardápio é uma lista de alimentos que compõem uma refeição. Para elaborar um cardápio equilibrado, é essencial pensar na quantidade de cada alimento, na qualidade (se tem os nutrientes necessários) e na adequação às necessidades individuais.

O que você vai fazer

Sugerir opções de cardápios adequados a cada situação.

Material

✔ cartas com informações dos alimentos da página 185

Como você vai fazer

1. Formem duplas.
2. Distribuam sobre uma mesa as cartas dos alimentos com as informações viradas para cima.
3. Com base na descrição dos alimentos em cada carta, você e seu colega deverão pensar em uma refeição adequada para as situações descritas.

Situação 1: Almoço de Felipe

> Felipe tem 16 anos, vai para a escola na parte da manhã e passa a tarde jogando na internet. Atualmente, ele está com sobrepeso. Com base nessas informações, elabore uma refeição balanceada para o almoço de Felipe e justifique a sua resposta.

Alimentos escolhidos   Justificativa

Situação 2: Almoço de Marcos

> Marcos tem 15 anos, vai para a escola na parte da manhã e à tarde treina nos times de vôlei e de basquete da escola. Com base nessas informações, elabore uma refeição balanceada para o almoço de Marcos. Escreva o nome dos alimentos selecionados e justifique a sua resposta.

Alimentos escolhidos   **Justificativa**

Para você responder

1. Classifique os alimentos escolhidos por você para compor as duas situações em: *in natura*, minimamente processados, processados ou ultraprocessados.

- Situação 1: _____

- Situação 2: _____

 2. Agora é sua vez: como seria um cardápio equilibrado para o seu café da manhã, adequado à sua faixa etária, à quantidade de atividade física que você realiza, à sua altura, ao seu peso e de acordo com alimentos comuns em sua região? Justifique suas escolhas.

Questione as suas escolhas! Será que elas são realmente saudáveis? Leia os rótulos dos alimentos que você consome.

UNIDADE 3

4 Experimento

Modelo de pulmão

Um modelo é uma representação que nos ajuda a entender a realidade. Por exemplo, a maquete de uma casa serve para saber como ela vai ficar depois de pronta.

Nem sempre um modelo se parece com o objeto que ele representa, mas seu funcionamento é semelhante. Em Ciências, é muito comum o uso de modelos. Eles podem ser utilizados, por exemplo, para mostrar como funcionam os órgãos do corpo humano.

O que você vai fazer

Construir um modelo de pulmão para compreender o seu funcionamento.

Material

- garrafa PET (com volume igual ou maior que 1 litro e meio)
- 2 balões de borracha
- tesoura com pontas arredondadas
- fita adesiva

balão 1, balão 2

Passo 1.

Como você vai fazer

1. Peça ao professor que corte a garrafa ao meio. Somente a parte de cima será usada no modelo.

2. Dê um nó no bico do balão 1 e recorte um pedaço da outra extremidade.

3. Feche o fundo aberto da garrafa com a parte superior do balão 1 e fixe a borda com fita adesiva.

Passo 2.

Passo 3.

4. Coloque o balão 2 dentro da garrafa, prendendo o bico dele no gargalo. Fixe o bico do balão com fita adesiva.

Passo 4.

5. Para observar o funcionamento do modelo, segure a garrafa com o gargalo para cima e puxe suavemente o bico do balão 1 para baixo.

balão 2, balão 1
Passo 5.

Para você responder

1. Observe a imagem ao lado, leia o texto a seguir e responda.

   > Logo abaixo dos nossos pulmões, existe um músculo chamado diafragma. Esse músculo nunca para de contrair e relaxar, nem mesmo quando estamos dormindo. É esse movimento do diafragma que faz o ar entrar e sair dos pulmões.

   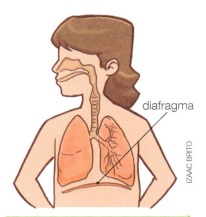

   Representação esquemática do sistema respiratório. Elementos fora de proporção. Cores-fantasia.

   a) Que balão representa o diafragma no modelo que você construiu?
   _____

   b) Que balão representa os pulmões no modelo que você construiu?
   _____

   c) A garrafa representa que parte do corpo?
   _____

2. O que aconteceu com o balão 2 quando você puxou o bico do balão 1? Por quê?
   _____
   _____

3. Explique como o movimento do diafragma faz o ar entrar e sair dos pulmões.
   _____
   _____
   _____

4. O modelo que você construiu representa completamente os movimentos da respiração? Justifique.
   _____
   _____
   _____

5. Foi mais fácil compreender o funcionamento do pulmão com o modelo ou apenas por meio de ilustrações? Explique.
   _____
   _____
   _____

UNIDADE 4

1 Pesquisa

Identificando constelações

O mapa celeste é uma representação do céu noturno. Ele representa as estrelas e os planetas na posição em que eles aparecem no céu.

O que você vai fazer

Usar um mapa celeste para identificar constelações no céu noturno.

Material

✔ mapa celeste fornecido pelo professor   ✔ bússola

Como você vai fazer

Etapa 1: Aprender a ler um mapa celeste

1. Observe o exemplo a seguir.

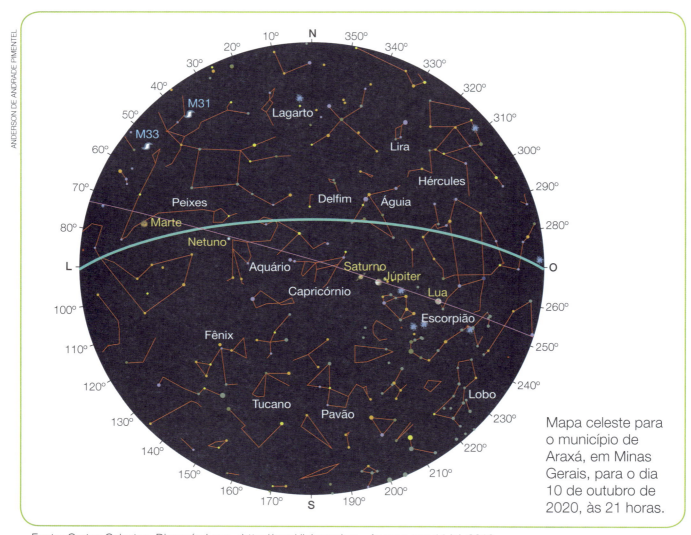

Mapa celeste para o município de Araxá, em Minas Gerais, para o dia 10 de outubro de 2020, às 21 horas.

Fonte: Cartas Celestes. Disponível em: <http://mod.lk/carceles>. Acesso em: 11 jul. 2018.

2. No círculo ao redor do mapa celeste, os pontos cardeais estão indicados por letras: norte (N), leste (L), sul (S) e oeste (O).

3. A região do céu logo acima de nossas cabeças corresponde ao centro do mapa celeste. Nesse exemplo, as constelações de Aquário e Capricórnio estão no centro do céu para o observador.

4. Agora faça um teste: entre oeste e sul, encontre a constelação de Escorpião nesse mapa celeste.

Etapa 2: Identificando constelações

1. Para identificar algumas constelações no céu noturno, mantenha-se afastado da luz de postes, das casas ou de outras fontes luminosas. Isso facilitará a observação. A noite deve estar sem Lua e livre de nuvens. Peça a um responsável que acompanhe essa observação.

2. Com uma bússola, identifique os pontos cardeais para poder usar o mapa celeste.

3. Agora é a vez de pegar o mapa fornecido pelo professor. Posicione-o de acordo com os pontos cardeais que você encontrou.

4. Comece identificando as constelações indicadas no centro do mapa no alto do céu. Ao identificar uma constelação, circule-a no mapa.

5. Converse com os colegas e com o professor e decidam quais constelações no seu mapa celeste podem ser encontradas no céu noturno.

Para você responder

1. Quais constelações presentes no mapa celeste você conseguiu identificar?

2. O mapa celeste que o professor forneceu pode ser usado em qualquer época do ano? Por quê?

3. O horário também influencia a leitura do mapa? Por quê?

4. Faça uma pesquisa em livros e na internet para descobrir o período do ano em que as constelações presentes no mapa celeste são visíveis no início da noite.

UNIDADE 4

2 Construção de modelo

Construindo uma luneta

A luneta é um instrumento de observação a distância. Ela amplia as imagens que estão distantes.

O que você vai fazer

Construir uma luneta para a observação do céu noturno.

Material

- duas lentes de aumento (uma de 4 cm e outra de 5 cm de diâmetro)
- dois tubos (de papelão ou canos plásticos, um de 4 cm e outro de 5 cm de diâmetro)
- tiras de feltro
- fita adesiva
- fita adesiva dupla face
- tesoura com pontas arredondadas

Como você vai fazer

1. Com a fita adesiva, fixe a lente menor em uma das extremidades do tubo de 4 cm de diâmetro.

2. Na outra extremidade, cole a fita adesiva dupla face ao redor da borda e cubra-a com a tira de feltro.

3. Em uma extremidade do tubo maior, passe fita adesiva dupla face pelo lado interno e cole um pedaço de feltro.

4. Passe o tubo menor por dentro do maior, de maneira que as extremidades com o pedaço de feltro impeçam a saída do tubo menor.

5. Fixe com fita adesiva a lente de 5 cm de diâmetro na outra extremidade do tubo maior.

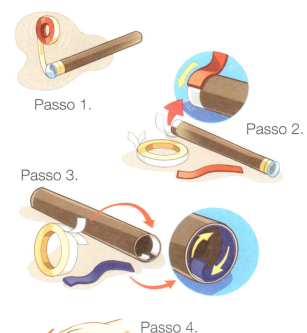

Passo 1.
Passo 2.
Passo 3.

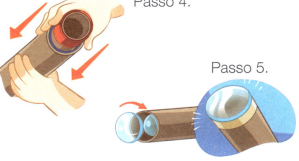

Passo 4.
Passo 5.

182

6. Em uma noite de luar, use sua luneta e observe a Lua. Caso a imagem esteja embaçada, ajuste o foco abrindo ou fechando a luneta.

Para você responder

1. Aponte sua luneta para um objeto próximo a você e ajuste o foco. A imagem que você vê através da luneta é igual ao objeto? Qual é a diferença?

_____

_____

2. Observe o céu através de sua luneta e desenhe abaixo a fase da Lua e os detalhes que você consegue ver. Desenhe também os pontos luminosos que você observou.

3. Em sua opinião, em que situações as lunetas podem ser utilizadas? Qual é a importância desse instrumento para as pessoas?

_____

_____

183

UNIDADE 4

3 Observação

Observar e registrar as fases da Lua

O que você vai fazer

Observar, registrar e analisar as fases da Lua.

Material

- lápis preto
- quadro da página 187

Como você vai fazer

1. Destaque o quadro da página 187.

2. A partir da data combinada com o professor, observe a Lua durante 60 noites seguidas.

3. Em cada observação, anote no quadro a data e pinte o círculo de acordo com a fase da Lua, usando lápis preto. Veja o exemplo ao lado.

4. Se a Lua estiver aparente, você pode fazer o registro durante o dia.

5. Se, por alguma razão, não for possível observar a Lua em alguma noite, anote a data mesmo assim e faça um **X** sobre o círculo.

Modelo de registro

Observação

Registro

Para você responder

1. Escolha um dos primeiros registros e compare-o com a fase da Lua depois de 7, 14, 21 e 29 dias. Existe alguma semelhança?

_____

_____

2. Escolha outros dois registros e repita a atividade 1. O resultado foi parecido?

_____

_____

3. Por que dizemos que o movimento da Lua ao redor da Terra é periódico, ou seja, que se repete em intervalos mais ou menos iguais?

_____

_____

Cartas referentes às páginas 176 e 177.

185